Ulrich Raulff

Wiedersehen mit den Siebzigern

Die wilden Jahre des Lesens

Klett-Cotta

Klett-Cotta
www.klett-cotta.de
© 2014 by J. G. Cotta'sche Buchhandlung
Nachfolger GmbH, gegr. 1659, Stuttgart
Alle Rechte vorbehalten
Printed in Germany
Umschlag: Rothfos & Gabler, Hamburg
Unter Verwendung eines Fotos von © Barbara Klemm
Gesetzt von Dörlemann Satz, Lemförde
Gedruckt und gebunden von CPI – Clausen & Bosse, Leck
ISBN 978-3-608-94893-6

Zweite Auflage, 2014

Bibliografische Information der Deutschen Nationalbibliothek
Die Deutsche Nationalbibliothek verzeichnet diese Publikation in der
Deutschen Nationalbibliografie; detaillierte bibliografische
Daten sind im Internet über <http://dnb.d-nb.de> abrufbar.

Für Max,
der in älteren Zeitschichten gräbt

Inhalt

I feel as if what was meant to be a visit
to the past has provoked an unexpected
return visit in which my past is eyeing me.

Michael Baxandall, *Episodes*

Das wahre Sein

Es war ein Abend im Frühsommer vor einigen Jahren. Ich war zum ersten Mal wieder in Marburg, hatte einen Moment Zeit und ließ mich treiben. Über die Mensabrücke, an der Lahn entlang, durch den alten Botanischen Garten, das Asthmatreppchen hinauf in die Oberstadt, über den Marktplatz, am Café Vetter und an der Alten Universität vorbei. In lockerem Trab über die Universitätsstraße und durchs Südviertel bis zum Archiv am Friedrichsplatz. Keine Stelle, an der nicht Erinnerung in dichten Schichten lagerte, Namen, die sich blitzartig mit anderen verknüpften. Alte Freunde, alte Plätze, bleibende Verbindungen und der Nachgeschmack zerbrochener Freundschaften. Frauen, in die ich verliebt gewesen war und deren Todesanzeige ich plötzlich in der Zeitung fand. Die Stimmen aus der Vergangenheit, der Stoff, aus dem man Träume macht, wenn man nach einer Ewigkeit zurückkommt in die Stadt, in der man jung gewesen ist.

Aber in mir rührte sich nichts. Kein Funkenflug aus der Vergangenheit, kein Flirt mit der Erinnerung. Vier Jahrzehnte lagen zwischen jetzt und damals, eine lange, kühle

Distanz. Irgendwann saß ich wieder an der Lahn, rührte in meinem Kaffee und fragte mich, was mit mir los war. Mein altes Selbst war mir fremd geworden.

Zuerst hatte ich das Geräusch überhört. Dann drängte es sich in mein Bewusstsein, nicht seiner Lautstärke wegen, sondern durch seinen Rhythmus. Er kam von einer Trommel, einer Art Buschtrommel, die ein junger Kerl schlug. Im Tempo nicht besonders schnell, denn diejenigen, die er anfeuerte, waren nicht Tänzer, sondern Ruderer. Der Trommler saß an der Spitze eines Boots und schlug der Mannschaft den dröhnenden Takt. Gehorsam hoben und senkten sich die Ruder, unaufhaltsam schob sich das Boot die Lahn hinauf – oder vielmehr den Fluss, der früher einmal so geheißen hatte und der jetzt zu den Nebenflüssen des Kongo zählte. Weiter flussaufwärts, wo früher ein Ort namens Wehrda gewesen war, lag jetzt das Herz der Finsternis. Schon war die Galeere meinem Blick entschwunden. Mit dem letzten Schlag der Trommel war ich zu mir gekommen. Ich wusste wieder, wer und wo ich war. Nur die Zeit hatte sich verändert, und mit ihr der Stil des Lebens.

Achtundsechzig war vorbei, als ich das erste Mal nach Marburg kam. Die siebziger Jahre hatten begonnen. Aber es dauerte seine Zeit, bis die Nachrichten von den neuesten Ereignissen und Moden in die ruhigen Buchten Oberhessens getragen wurden. Marburg war eine Art Freilichtmuseum, in dem man den Stil von 68 noch lange Zeit ziemlich unverändert studieren konnte. Anfangs fand ich das aufregend. Ich hatte das, was man sich unter 68 vorstellt, *teach ins*, Demos, freie Liebe und so, verpasst. Als es losging, war ich noch auf der Schule, dann kam die Bundeswehr, und als ich wieder auf der Straße stand, war das Fest vorbei. Oder der Spuk, wie man will. In späteren Diskussionen bezeichnete ich mich als Flakhelfer von 68, und das traf es nicht schlecht. Für die Studentenrevolte war ich zu jung gewesen, und als ich selber zu studieren begann, war die Revolte alt und in die Verwaltung von kommunistischen Splittergruppen übergegangen. Die Spannung war verflogen, geblieben waren die Erklärungen. Kein guter Moment für einen, der auszog, ein Intellektueller zu werden.

Jede Zeit neigt dazu, ihre akuten Problemlagen, aber auch ihre Theorien und Konzepte als naturgegeben zu empfinden. Die aktuell sich ereignende Gegenwart hat etwas von einer langsam ablaufenden Naturkatastrophe, der sich niemand entzieht. Anders und paradox gesagt: An ihrer Spitze ist die Gegenwart stumpf. Auch der Marburger Student vor vierzig Jahren lebte im unsichtbaren Käfig intellektueller Zeitgenossenschaft. Selbst wenn ihn frühe intensive Nietzsche-Lektüre davor bewahrte, von den Jugendverbänden der Marburger Schule, MSB Spartakus und Sozialistischer Hochschulbund (SHB), absorbiert zu werden, und wenn ihn eine in der mütterlichen Linie vererbte Skepsis, vielleicht auch die Bekanntschaft mit der aktuellen Institution der Armee vor der Militanz kommunistischer Splittergruppen schützte – er war ein Kind seiner Zeit, so klug wie diese und genauso dumm.

Ende Mai 1976 starb Martin Heidegger, wenige Tage später erschien das berühmte Spiegel-Interview mit dem Philosophen. Von den Fotos von Digne Meller Marcowicz blieb mir vor allem ein Bild der Protagonisten, Heidegger und Augstein, in Erinnerung. Es ist das berühmte Bild der beiden auf dem Feldweg. Man sieht sie von hinten: rechts der Denker, einen hölzernen Wanderstab in der Hand und einen Rucksack auf dem breiten, gebeugten Rücken, links der Journalist im damals üblichen Outfit: schwarzer Anzug, Halbschuhe, Aktentasche. Das Bild kam mir vor wie ein *film still* aus meinem ältesten Traum. Obwohl ich an der Universität, an welcher der eine der beiden sein Hauptwerk geschrieben hatte, Philosophie studierte, war mir die ganze Zeit über klar gewesen, welcher Spezies ich angehörte und auf welchen Typus ich lossteuerte. Die Stadt zog mich an, das schnelle Leben. Aber war nicht auch die Philosophie in der Stadt geboren? Zum Teufel mit dem Land.

Mein erster Studientag, wir schrieben die frühen siebziger Jahre, führte mich statt ins historische Proseminar, für das ich eingeschrieben war, in die Vorlesung von Wolfgang Abendroth. Auch wenn einer nicht nach Marburg kam, um den wissenschaftlichen Sozialismus zu studieren oder sich der Geschichte der Arbeiterbewegung zu widmen, war Abendroth unumgänglich: das große Tier, das legendäre Haupt der Marburger Schule. Dass Jürgen Habermas sich zehn Jahre zuvor bei ihm habilitiert hatte – mit dem »Strukturwandel der Öffentlichkeit« –, wusste ich zu dem Zeitpunkt nicht, hätte ich es gewusst, hätte es mich wenig beeindruckt. Die Zeit, da ich tief in den Positivismus-Streit, dann in die Luhmann-Kontroverse vergraben lag und nachts im Traum ein Habermas-Quiz zu beantworten hatte, war noch fern. An diesem Morgen hatte ich eher mit einem aufdringlichen Déjà-vu zu kämpfen. Ich hatte am Vorabend »Cat Ballou« gesehen, und tatsächlich verband Abendroth eine gewisse Ähnlichkeit mit Lee Marvin.

Abendroth war ein beeindruckender Rhetor und eine faszinierende Gestalt, heute würde man sagen ein Charismatiker. Mitten im Reden zündete er sich eine Zigarette an, das heißt, er riss ein Streichholz an und sprach weiter, während sich die Flamme langsam seiner Hand näherte, dann ließ er das Hölzchen fallen und zündete das nächste an – und so ging es weiter. Brannte die Zigarette endlich, vergaß er zu ziehen und ließ sie langsam zu einem Aschestäbchen werden, das irgendwann abbrach und zu Boden fiel. Wenn wir den Song der Fraternity of Man hörten – *Don't bogart that joint, my friend –*, dachten wir an Abendroth. Sprechen war ihm natürlich wichtiger als Rauchen, lange war es ihm verboten gewesen. Die Nazis hatten den jungen Kommunisten für vier Jahre ins Zuchthaus gesperrt und dann ins Strafbataillon 999 gesteckt; er hatte alles überlebt, aber manchmal brach in späteren Jahren sein Redestrom plötzlich ab und er stand da, einen Augenblick lang restlos verloren. Als englischer Kriegsgefangener war er in die SPD eingetreten, Anfang der Sechziger flog er wieder raus, weil er sich nicht schnell genug von dem sich radikalisierenden SDS distanziert hatte. Später sympathisierte er mit der DKP, aber eigentlich war er zu intelligent, vielleicht auch innerlich zu frei für die Parteien; seine Schüler waren robuster.

Der Bekannteste unter ihnen, weltberühmt in Marburg, könnte man sagen, war Frank Deppe. Es gehört zu den besonderen Erlebnissen meiner frühen Studententage, dass ich eines Morgens die »Phil Fak« – die Kurzform sagt alles –, also die Philosophische Fakultät in den Lahnauen, betrat und an einem Betonträger die emblematische Inschrift las: »Marx an die Uni – Deppe auf H4«. Lenin hat sich bekanntlich über die deutschen Revolutionäre lustig gemacht, die den Perron erst besetzten, nachdem sie eine Bahnsteigkarte gelöst hatten. Die Aufforderung in der Phil Fak ging zeitgemäß weiter und postulierte die Revolution mit dem Anspruch auf volle Altersruhebezüge. Abgesehen vom üblichen Dogmatismus seiner Lehre, den er mit anderen Kollegen aus der Abendroth-Schule wie Georg Fülberth teilte, war Deppe ein ganz umgänglicher Zeitgenosse. Manchmal konnte man ihn im Jazz-Keller Bebop spielen hören, gemeinsam mit dem Bassisten Buschi Niebergall, einem zartfühlenden Hünen, der aussah wie der Frauenmörder Landru. An manchen Abenden kam Albert Mangelsdorff von Frankfurt herüber und füllte den Keller mit seiner knatternden, quietschenden und seufzenden Posaune.

Dass Marburg damals »das rote Marburg« hieß und dem Rötegrad nach allenfalls von Berlin oder Bremen übertroffen wurde, lag weniger an Abendroth selbst als an dessen »Schule« – und mehr als an dieser an ihrer Ausstrahlung in andere Bereiche, zum Beispiel die Philosophie. In diesem Fach wurde eines schönen Tages Hans Heinz Holz zum Professor berufen, ein Mann von ähnlicher Prägnanz wie Abendroth und großer persönlicher Eleganz, aber auch von einer bestürzend versteinerten marxistischen Dogmatik. In Reinhard Brandt, einem subtilen Kant-Exegeten, erwuchs ihm ein Gegner von gleicher Eleganz, aber unerwartet bitterer Härte. Schon damals berührte es uns peinlich, ja schmerzhaft, die beiden bewunderten Männer in einen finsteren politischen Kleinkrieg verstrickt zu sehen. Tatsächlich blieben ihre Streitpunkte ja an der Oberfläche dessen, was wir zu verstehen suchten. Der Übergang von der Seinslogik zur Begriffslogik bei Hegel schien davon ebenso wenig berührt wie der transzendentale Paralogismus Kants. Überhaupt kam es mir vor, als drängen die politischen Deutungsversuche nicht wirklich in die feinen Falten der Werke. »Subjekt-Objekt« von Ernst Bloch, sein materialistisches Hegel-Buch, warf ich in wütender Enttäuschung in die Lahn.

Schlimmer als die großen Dogmatiker waren ihre Schüler und die kleinen Terrier, die sie nach sich zogen. So engagierte Hans Heinz Holz eines Tages einen nicht mehr ganz jungen Philosophen, der ursprünglich Theologie bei Karl Barth studiert, sich dann aber rückhaltlos dem Dialektischen Materialismus verschrieben hatte. Der Mann, ein Musterbeispiel für die freiwillige Selbstverknechtung, fast möchte man sagen: den intellektuellen

Freitod eines vielleicht gar nicht kleinen Geistes, hieß Gudop. Eines Morgens stand über dem Eingang zum philosophischen Seminar die Inschrift: »Archipel Gudop«.

Namentlich die Fahrstühle zeichneten sich durch immer neue, spöttische Botschaften aus, in denen anarchischer Witz seinen dogmatischen Gegner verspottete. »Der Bürger als Held«, las man im Germanistenturm, und weiter: »aber ein schlaffer«. Heute versteht den Witz nur, wer sich noch an den Titel des aufregenden Buches erinnert, das Heinz Schlaffer damals gerade veröffentlicht hatte. Man las noch ganz andere Dinge im Aufzug. Nicht alle Literaturwissenschaftler waren Schöngeister wie unsere schlaffen Helden, die jungen Dandys und Theoriegötter, Schlaffer und Mattenklott, die sich zu solcher Art politischen Scherzen nie herabgelassen hätten. Aber auch sie opferten dem Zeitgeist. Im Fall Gert Mattenklotts, eines Meisterschülers von Peter Szondi, sah das zeitweise, um die Mitte der Siebziger, verdächtig nach einem *sacrificium intellectus* aus. Es dauerte ein halbes Jahrzehnt, bis ihn die materialistische Literaturgeschichte wieder aus ihren Fängen ließ. In anderen Fällen dauerte es länger.

Dem aggressiven Ton der politisierten Studenten antwortete ein vielstimmiges Echo des Lehrkörpers. Manche Professoren reagierten opportunistisch, andere gereizt. Wieder andere ließen sich von tiefsitzender Angst vor einem neuen totalitären Ungeist das Unterscheidungsvermögen rauben. Die wenigen liberalen Historiker versuchten, allen Seiten verstehend gerecht zu werden, und machten der tonangebenden Linken terminologische Zugeständnisse – so Karl Christ, der im Seminar »Die Ideologie des römischen Prinzipats« behandelte.

Eine vierte Gruppe setzte dem Zeitgeist ungerührt ihre souveräne Exzentrik entgegen – auch dies oft Menschen, in denen die Erfahrung des Nationalsozialismus einen unerschütterlichen Fatalismus hinterlassen hatte. So der Soziologe Heinz Maus, den die Nazis 1943 nach dem Heimtückegesetz angeklagt hatten und der sich, obwohl entfernt zum Satellitensystem Abendroth gehörig, später nie mehr ganz einfangen ließ, weder von den Sozialdemokraten, für die er im Stadtrat von Cölbe saß, noch von den Salonmarxisten und Seminaranarchisten, die er mit dem nötigen Theoriestoff belieferte. Unbestimmt blieb auch sein Präsenzgrad, weil ihn knapp fünf Minuten nach Veranstaltungsbeginn eine dichte Rauchwand den Blicken der Seminarteilnehmer vollständig entzog. Frankreich hieß seine eigentliche geistige Heimat, und der Hinweis war ihm wichtig, dass die Franzosen immer noch sorgfältig zwischen *Moss* und *Moose*, zwischen Marcel Mauss und Heinz Maus, unterschieden: Im Frankenland galt der Prophet mehr als im eigenen.

Die Philosophie in Marburg Anfang der siebziger Jahre bot das Bild eines erbitterten Grabenkrieges. Kaum hob einer der Kämpen den Kopf aus dem Unterstand, nahmen die anderen ihn unter Feuer. Eigentlich beschoss hier jeder jeden, es sei denn, Loyalitäten des Lagers oder der Hierarchie – wie die zwischen Holz und Gudop – hielten ihn zurück. Ansonsten war in diesem Krieg jedes Mittel, auch das unfeine, gerade recht. Um Holz abzuschießen, zog man sein Promotionsverfahren in Zweifel – er war 1956/57 in Leipzig von Bloch promoviert worden, zum gleichen Zeitpunkt, als dieser eben zwangsweise emeritiert wurde. Während Burkhard Tuschling sich unverdrossen und knochentrocken darum bemühte, die Lehramtsstudenten mit den unzeitgemäßen Lehren des Wiener Kreises vertraut zu machen, hatte der Descartes-Übersetzer und -Deuter Lüder Gäbe die Schlacht um die Phil Fak aufgegeben und sich mit seiner kleinen Truppe ins Hörsaalgebäude auf der *rive droite* der Lahn zurückgezogen. Klaus Reich legte großen Wert darauf, nicht mit Wilhelm verwechselt zu werden, und hielt Privatissima im Schlafrock; von Julius Ebbinghaus wussten wir nicht genau, ob er noch lebte oder nicht. Bei alten Kantianern weiß man das nicht so genau, weil sie langsam vertrocknen, während Hegelianer in Fäulnis übergehen.

Wir entzogen uns den Intrigen des Lehrkörpers, indem wir sogenannte autonome Arbeitsgruppen bildeten. Sie waren »scheinfähig« und erlaubten uns, auf eigene Faust zu arbeiten – was wir vermutlich dreimal so intensiv taten, wie wir es im Seminar getan hätten, aber, als hoffnungslose Dilettanten, auch dreimal so mühsam. Einmal die Woche quetschten wir uns zu fünft oder sechst in einen alten Käfer und fuhren nach Frankfurt, in die Seminare von Bruno Liebrucks oder Alfred Schmidt. Auch dort herrschte zeitbedingt nicht gerade der erasmische Geist friedlicher Studien, aber die Qualität der Argumentation war höher und die Polemik geschliffener. Marburg hatte es zwar mit Abendroth und dessen Trabantensystem zu seiner dritten »Schule« in einem einzigen Jahrhundert gebracht, aber dieser Abfolge entsprach kein intellektuelles Steigerungsprinzip.

Von der ersten Marburger Schule des Neukantianismus war praktisch nichts mehr zu spüren. Irgendwo in einem Schrank der Alten Universität dämmerte das Samtbarett von Paul Natorp vor sich hin, und in den ausgezeichneten Antiquariaten der Stadt verstaubten die Werke Hermann Cohens. Die Problemlagen des wissenschaftlichen Wissens und seiner Selbstreflexion hatten sich seit ihren Tagen radikal verschoben. Auch die zweite Marburger Schule, die sich in den zwanziger Jahren unter dem Einfluss von Martin Heidegger und Rudolf Bultmann, sehr am Rande auch dem des Georgeaners Friedrich Wolters gebildet hatte, die Marburger Schule der Hermeneutik, war dem Ort ihres Ursprungs denkbar fern gerückt. Hans-Georg Gadamer lehrte jetzt in Heidelberg, Hannah Arendt in New York, Karl Löwith starb 1973 in Heidelberg. Max Kommerell lag seit einem Vierteljahrhundert in Marburg auf dem Friedhof und war auch geistig ein toter Mann: Die meisten von uns kannten nicht einmal seinen Namen. Selbstgewiss und geräuschvoll beherrschte die dritte Marburger Schule, eine zeitgemäße Spielart des dogmatischen Kathedersozialismus, die intellektuelle oder vielmehr die akademische Szene.

Ich habe nicht die geringste Vorstellung davon, wie es damals in den Naturwissenschaften zuging; mir fehlt jeder

Einblick in die Marburger Medizin, die theologische oder die juristische Fakultät vor vierzig Jahren. Geisteswissenschaften in Marburg zu studieren, war nicht die schlechteste Wahl; die Bibliotheken waren erstklassig, und einzelne Fächer waren es auch. Die Betonung liegt auf »einzelne«. Ich versuchte es mit Anglistik, gab aber nach zwei Semestern auf. Statt mein Englisch zu verbessern und Shakespeare zu lesen, wie ich gehofft hatte, wurde ich in Ideologiekritik geschult und mit William Goldings *Lord of the flies* traktiert. Ich fand, das war Stoff für die gymnasiale Mittelstufe.

In der Geschichte sah es besser aus. Obwohl der gehasste, gefürchtete und bewunderte Ernst Nolte Marburg bald wieder verließ, um an die Freie Universität Berlin zu gehen, fehlte es dem Fach nicht an guten Leuten; ich denke an Karl Christ, Walter Schlesinger, Helmut Beumann und Gerhard Oestreich. Christ las nicht nur griechische und römische Geschichte, sondern studierte mit uns auch die *maestri di storia* von Gibbon über Burckhardt bis Momigliano. Er war einer der Autoren, die sprachen, wie sie schrieben, und schrieben, wie sie sprachen; noch heute höre ich seine Stimme, sobald ich eine Zeile von ihm lese. Sein oraler Stil machte es leicht, seine Sätze im Gedächtnis zu behalten, und als er mich im Rigorosum prüfte, konnte ich ganze Passagen seiner Schriften auswendig hersagen. Er erkannte zwar nicht die eigene Autorschaft, bemerkte aber, dass die Antworten des Kandidaten von ungewöhnlicher Qualität waren, und benotete entsprechend.

Auch für Nichtgermanisten waren die Vorlesungen von Heinz Schlaffer ein *must*. Eine ähnlich faszinierende Wirkung sollte ich erst wieder in den Vorlesungen von Roland Barthes am Collège de France erleben. Um die Proportionen nicht zu verlieren, muss man sagen, dass Barthes eine Stadt wie Paris magnetisierte, während Schlaffer die geisteswissenschaftlichen Fächer einer kleinen Universität elektrisierte; aber auch das war schon eine staunenswerte Wirkung. Sie hatte mehrere Gründe, teils lagen sie in der Sache und teils daneben.

Der Sache nach war es eine Metapherngeschichte. Schlaffer las über die »Kapitalmetaphorik im Faust II« – zu Deutsch: über die Fülle der Bilder, in denen Goethe den Vorschein der eben aufziehenden Welt der Ökonomie, des Geldes und der Maschinen sichtbar werden ließ. Im nächsten Semester folgte dann als logisches Gegenstück die Untersuchung der Metaphern und literarischen Zitate im marxschen »Kapital«. Schlaffers Vortragsstil, die nachlässige Eleganz seiner Phrasierung, war ein weiterer Grund für die Wirkung seiner Vorlesungen. Nicht der letzte dieser Gründe aber hieß Hannelore. Frau Schlaffer folgte den Vorlesungen ihres Gatten in schläfriger Aufmerksamkeit und atemberaubender Garderobe. Die unübersehbare Bewunderung des männlichen Teils der Zuhörerschaft nahm sie mit gut gespielter Gleichgültigkeit *ad notam*. Die Schlaffers, sie im hochgeschlitzten quietschgelben oder giftgrünen Kleid, er im immer weit offenen weißen Hemd und mit Goldkettchen, erscheinen mir im Rückblick als das Hohe Paar der siebziger Jahre. Damals gehörten sie zu den Sehenswürdigkeiten von Marburg, und wir hätten uns nicht gewundert, wenn Japaner in Bussen gekommen wären, um nach Heidelberg und der Lorelei die Schlaffers zu besichtigen.

Unter den damaligen Fächern der Geisteswissenschaften ragte die Kunstgeschichte hervor. Ich wurde ihrer Eminenz erst gegen Ende meines Studiums gewahr; da war es schon zu spät. Aber ein Abglanz der großen Stunde fiel noch auf mein Haupt; ich durfte Martin Warnke und Heinrich Klotz hören und miterleben, wie auf die alten Granden die jungen Löwen des Faches folgten: Wolfgang Kemp, Horst Bredekamp, Franz Verspohl und Andreas Haus. Welches andere Fach der damaligen Gelehrtenrepublik konnte sich einer derartigen Menagerie rühmen? Über dem Hülsenhaus, nahe den Auen der Lahn, schienen die Sterne etwas höher zu stehen als anderswo. Mein Pech, dass ich sie erst so spät erblickte.

Wären wir in der Lage gewesen, unsere eigene intellektuelle Kultur zu analysieren? Wohl kaum. Das ontisch Nächste sei das ontologisch Fernste, hatte Heidegger gelehrt, und das galt auch für die Dimension der Zeit: Wir waren zu dicht dran. Aus der heutigen Distanz von vier Jahrzehnten ist es schwer zu begreifen, wie eine historisch vielfach widerlegte Doktrin des 19. Jahrhunderts, der Marxismus, gegen Ende der sechziger Jahre noch einmal und für ein langes Jahrzehnt zur vorherrschenden Denkschule der westlichen Welt werden konnte. Für uns war das kein Gegenstand des Erstaunens: Die Notwendigkeit des Marxismus schien evident; er war die Luft, die wir atmeten. Man musste schon eine Reihe von Ausgängen gefunden und genommen haben, bevor man Luft von anderen Planeten spürte. Aber der Neomarxismus war nicht das einzige Gesangbuch in der damaligen Kirche. Es gab noch andere überwältigende Gewissheiten. Über einige davon verfügte die Pädagogik.

Auch die ungeheure Evidenz pädagogischer Diskurse und Praktiken in den Siebzigern hat im Rückblick etwas Rätselhaftes. Natürlich musste eine Zeit, die an die Veränderbarkeit der Menschen und der Verhältnisse wie an ihr Evangelium glaubte, erzieherischen Lehren generell positiv gegenüberstehen. Aber der massenhafte Zulauf, den die pädagogischen und psychologischen Fächer in jenen Jahren verzeichneten, trug Züge einer intellektuellen Epidemie. Selbst vernünftige Leute, die als ausgebildete Juristen oder Ingenieure ihr Brot hätten verdienen können, ließen ihre erste Qualifikation sausen und warfen sich mit Inbrunst in ein neues Studium bei Wolfgang Klafki, Manfred Pohlen oder Dietmar Kamper. Lag es daran, dass sie sich alle nach der Lektüre von Hermann Hesse und Carlos Castaneda auf die Schriften des englischen Schulreformers A. S. Neill gestürzt hatten? Lange vor der Entdeckung Hogwarts' bewegte schon einmal eine englische Internatsschule die Seelen deutscher Leser: In Summerhill, nicht in Wickersdorf, begann der neue Siegeszug der Reformpädagogik.

Es war ihr zweiter Siegeszug nach dem ersten, zu dem sie in den zwanziger Jahren aufgebrochen war. Und wieder, wie damals, traf die Reformpädagogik auf eine andere Befreiungsbewegung: auf die des Sex. Émile ging mit der Psychoanalyse ins Bett; das konnte nicht gutgehen. Schon vorher, um 68, hatten sich politische und sexuelle Emanzipation auf spektakuläre Weise verbunden. Die entsprechenden Verlautbarungen waren von robust viriler oder phallokratischer Art. »Ohne Erektion keine Revolution – ohne Revolution keine Erektion!« stand an der Decke des Club Voltaire am Wilhelmsplatz. Es war gleichsam die anarchistische, lustbetonte Gegenparole zu dem bürokratischen »Deppe auf H4«-Postulat in der Phil Fak. Die Aufwertung der Sexualität, die sich wenige Jahre später im Umfeld pädagogischer Theorien ereignete, erschien demgegenüber wie die Geburtsstunde des Kuschelsex. Aber die Konjugation der Bewegungen von Reformpädagogik und sexueller Befreiung, die sich damals vollzog, lieferte auch die Lizenz für Aktivitäten, über die wir seit den Enthüllungen aus der Odenwaldschule mehr wissen: Die Päderastie als schöne Erziehungskunst betrachtet – dieses Ungeheuer lag schlafend am Schnittpunkt zweier »Projekte« der siebziger Jahre.

Der Geist des *juste milieu* von heute neigt zu der Vorstellung, die um 68 einsetzende Politisierung der Hochschulen habe dem Geist der Universität als Gemeinschaft von Lehrenden und Lernenden den Garaus gemacht. Das Gegenteil war der Fall. Eine Studentenschaft, die mit größter Selbstverständlichkeit ihre sämtlichen Probleme, die politischen wie die existentiellen, die öffentlichen wie die

privaten, ja intimsten, in die Universität und an sie her-
antrug – in der naiven Erwartung, dort werde eine Lösung sich finden lassen –, eine solch erwartungs- und an-
spruchsvolle Studentenschaft hauchte dem Mythos der
Universität als Gemeinschaft sui generis, ob Staat, Familie
oder Polis, neues, frisches Leben ein.

Was die Universität quasi als Makrokosmos umfasste,
das verkörperten die Wohngemeinschaften als Mikrokos-
men. Auch sie betrieben eine heillose Überforderung ihrer Mitglieder, die angehalten waren, ihr Privatestes zum
Öffentlichen et vice versa zu machen. Den in den Seminaren damals kurrenten Geniemodellen der Rhetorik wie
der Essayistik – unverdaut übernommen aus den Schulen
von Lukács, Bloch, Adorno oder Benjamin – entsprachen
experimentelle Stile des Zusammenlebens. Natürlich waren sie ständig vom Absturz in die kleinbürgerliche Idylle
oder in den subtilen Terror kleiner Psychosektenchefs be-
droht. Aber wie auch immer die jeweiligen Experimente
ausgingen, diese existentiellen Proben auf eine bestimmte
Theorie – das Leben zwischen Seminar und Wahlver-
wandtschaft kannte eine Spannung, einen Tonus, den wir
als authentisch empfanden. Wir brauchten keine Trommel, die uns den Rhythmus des Lebens und Lernens
schlug, wir gaben uns unsere Tempi selbst.

Die Universität der Jahre nach 68, ich denke an die mit-
telgroße Alma Mater einer kleinen, ehrwürdigen Uni
versitätsstadt Deutschlands, stellt sich im Rückblick als
ein atmosphärisch ungewöhnlich dichter Raum des Aus-
tauschs über akademische, aber eben *nicht nur* akademi-

sche Fragen dar. Natürlich litt die Universität unter dem, was aus heutiger Sicht als ein klassisches Überforderungsprogramm erscheint, aber sie blühte auch, sie glühte ein letztes Mal. Als zehn, fünfzehn Jahre später – die Kulturgeschichte hatte längst die politischen und pädagogischen Traktate der siebziger Jahre abgelöst – ein mehrbändiges Sammelwerk der französischen Schule unter dem Titel »Die Geschichte des privaten Lebens« erschien, dämmerte mir erstmals, was unserem Leben damals die Eigenart gegeben und was vielleicht unser spezielles Glück ausgemacht hatte: Wir hatten kein privates Leben gekannt. Nicht überfordert waren wir gewesen, sondern überwältigt.

Im Rückblick erscheinen die frühen Siebziger als Zeit des politischen Niedergangs. Was im Augenblick des Ausbruchs 68 heiße Lava gewesen war, war erstarrt in ideologischen Kleinstpositionen, was umfassende Vision gewesen war, zersplittert in tausend Rechthabereien. Ich erinnere mich noch gut daran, wie ich abends ratlos durch einzelne Kneipen der Linken schweifte, ich denke an den »Henninger« am Wilhelmsplatz, und nicht wusste, wohin ich mich setzen sollte, weil jeder Tisch von einer anderen politischen Splittergruppe besetzt war. Irgendwann kam ich darauf, dass mein Platz wohl an der Bar war. Dort bildete ich fortan meine Ein-Mann-Gruppe und stand auf deren linkem Flügel.

Die *quest* der Siebziger, ihre nervöse Suche, ihr eigentümlicher Wille zum Wissen erschöpfte sich nicht in den autoritären Sprachspielen der Linken. »Ohne diesen Be-

griff nicht geklärt zu haben, kann man nicht weiterleben.«
In diesem Satz hat Manfred Frank neulich das eigentüm-
liche Klima der Diskussionen von »Poetik und Hermeneutik« bündig zusammengefasst. Diese Leute glaub-
ten tatsächlich noch an den Wert von Begriffen und ihre
Bedeutung für das Leben. In ihren Diskussionen ging es
noch um mindestens alles. Man musste aber nicht zu der
Gruppe um Hans Robert Jauß gehören, um ähnliche Erfahrungen zu machen. Es gab diesen heiligen Ernst, dieses
Verlangen nach Klarheit auch unter den Jüngeren. Zehn
Jahre später, als schon die postmoderne Unverbindlich-
keit angesagt war, hätten alle verständnislos gelacht: Was
für Pedanten. Wie tödlich ernst die alles genommen haben.
Genau das hatten wir getan, die Begriffe ernstgenommen.
Dem Leben hatte es nicht geschadet.

Auf der Marburger Fußgängerbrücke, die zwischen der
Mensa im Osten und dem Hülsenhaus im Westen die
Lahn überquert, konnte man Anfang der siebziger Jahre
gegen Abend einem jungen Philosophen begegnen, der,
stets etwas altmodisch gekleidet, sich auf diesem Pfad
lesend und denkend erging. Wir kannten ihn aus den
Seminaren, er war schon früh ein bemerkenswert ge-
bildeter und scharfsinnig argumentierender Hegelianer.
Auf der Höhe eines ihm Bekannten angekommen, zog
er einen imaginären Hut, verneigte sich und sprach etwa
diese Sentenz: »Das Wesen ist das wahre Sein. Guten
Abend, mein Herr.« In den geläufigen Bildern, die von
den siebziger Jahren zirkulieren, kommt dieser Typ nicht

mehr vor. Mir erscheint er emblematisch. Nicht dass er damals dominiert hätte. Aber einige der Zeitgenossen, die ich damals erlebte, schöpften offenbar noch aus Kraftquellen, mancher mag sagen aus Wahnquellen, die heute versiegt sind. Ich danke ihnen für Brot und Wahn, die sie mit mir geteilt haben.

Lesen für Rita

Wer sind wir, wenn wir lesen? Was passiert mit uns, wenn wir langsam, noch zögernd in die erste Zeile gleiten, welcher Film läuft ab, wenn wir kopfüber in den Text stürzen? Wer weiß das schon. Wüssten wir mehr darüber, wenn Marcel Proust und Georg Simmel länger gelebt hätten oder Roland Barthes nicht zur Unzeit unter ein Auto gelaufen wäre? Auch das wissen wir nicht. Oft ist das Lesen nur ein zerstreutes Vorbeigleiten, ein flüchtiger, unwilliger Kontakt. Dann wieder ist es ein ozeanisches Vergnügen, Eintauchen in eine abgründige Welt, in der wir uns verlieren und vielleicht irgendwann wiederfinden. Ein seltsames Taucherspiel von Selbstverlust und Selbstgewinn.

Was wurde über das Schreiben nicht alles geschrieben: Warum es läuft, warum es stockt, ganze Berge von Literatur gibt es darüber. Die Franzosen haben Theorien, warum es läuft, die Amerikaner fixe Ideen, warum es das nicht tut: *writer's block*. Dagegen ist das Lesen geradezu *terra incognita*. Dabei nimmt der Lesedruck in der Welt beständig zu. Seitdem das Internet erfunden wurde, haben sich zusätzliche Lesezumutungen ins Leben der Menschen gedrängt, die mehr und immer mehr lesen sollen. Zu den Zehn Geboten des Alten Testaments, die schon in Form von Lesestoff daherkamen, sind seit Gutenberg und neuerdings mit dem Netz noch ein paar Gebote mehr dazugekommen, lies dies, lies das, und lies drittens auch noch das da. Als sollte das Leben aus nichts als Lesen bestehen.

Aber das sind Beobachtungen aus der Makroperspektive. Wenn man hier weitergeht, gelangt man zu Theorien über das Lesen im digitalen Zeitalter oder zu einer feinbitteren Kulturkritik; dahin will ich nicht. Ich suche das Leben in den Falten und zwischen den Zeilen, ich suche den Tauschplatz, an dem das Lesen sich mit dem Verstehen austauscht. Was spielt sich dort ab, wann gelingt der Austausch, wann scheitert er? »Lesen«, schreibt Hans-Jost Frey, »deckt sich nicht mit Verstehen … Lesen geschieht in der abenteuerlichen Offenheit des Nichtverstehens.«

Zu den frühesten und bleibenden Erfahrungen mit dem Taucherspiel gehörte für mich, damals noch ein Kind, das Lesen ohne Rücksicht auf den Sinn. Jeder Leser kennt das Phänomen des rücksichtslosen Weiterlesens, wenn der Sinn zu flackern beginnt oder aussetzt: Der Strom wird wiederkommen, denkt er; nach einer Weile des Weiterlesens wird der Kontext, den die fortgesetzte Lektüre schafft, auch den Sinn nachwachsen lassen. Also liest er weiter, in der Hoffnung auf kommende Dämmerungen. Liest nicht jeder in Sprüngen, die vieles ungelesen überspringen, liest nicht jeder von Zeit zu Zeit diagonal? Aber kann man ganze Bücher so lesen: unbegriffen und im Vorschuss auf einen Sinn, der sich vielleicht auch auf der letzten Seite noch nicht einstellt? Oh ja, man kann. Auf diese Weise, buchstäblich sinnlos, hatte ich im Alter von sieben Jahren einen obskuren Band über den Bau des Panamakanals gelesen, und für den Rest meines Lebens verlor der Name Ferdinand de Lesseps nichts von seinem Zauberklang.

An die vielen toten, vom Fieber getöteten Chinesen erinnerte ich mich noch – aber sonst? Sonst war nichts in mir zurückgeblieben, und sonst war wohl auch nie etwas gewesen: Ich hatte ein ganzes Buch von mehreren hundert Seiten gelesen und praktisch keine Zeile verstanden. Ich hatte einfach immer weiter gelesen und wie ein generöser Bankier dem Sinn unbegrenzten Kredit gegeben. So würde ich mich wenig später durch ganze Flöze des heimischen Bücherschranks arbeiten, ein blinder Wurm, ein Maulwurf, der von Hunderten und Tausenden von Zeilen kaum eine einzige verstand.

Meine Grundstimmung bei alldem, wenn man es so pathetisch sagen will, war maßlose Verwunderung. Die Bücher, die ich, kann man sagen: las? – alle diese Bücher waren ja in meiner Muttersprache geschrieben, und abgesehen von einzelnen Fremdwörtern konnte ich jedes Wort entziffern und in seinem Sinn erraten. Aber der Ausweg aus dieser Atomistik der Einzelworte war mir versperrt. Ich war ein Gefangener des Mosaiks. Der Geist des Ganzen, der Sinn des Texts blieb mir lange Zeit schleierhaft. Dunkel erinnerte ich mich an eine andere, noch frühere Szene. Auch damals, ich mochte vier oder fünf gewesen sein, war es um Bücher und Zeichen gegangen.

Ich hatte früh lesen gelernt. Zwei Jahre, bevor ich zum ersten Mal auf einer Schulbank saß, konnte ich Buchstaben identifizieren und unterscheiden. Wie bei vielen Kindern, die sich auf eigene Faust die Kunst des Lesens aneignen, war der Prozess nach einer merkwürdigen Ganzheitsmethode abgelaufen. Es gab eine Geschichte, die ich besonders liebte und die ich mir so oft vorlesen ließ, bis ich sie auswendig wusste. Während all dieser Zeit hatte ich mir immer wieder selber den Text angeschaut. Und irgendwann, wie in einer kaum merklichen Kippbewegung, war aus dem Schauen ein Lesen geworden. Ich hatte die Wörter des Texts, die sich inwendig in mir hersagten, erst mit einzelnen Schriftzeichen, dann mit Zeilen vor meinen Augen zur Deckung gebracht. Ich jubilierte.

Binnen kurzem las ich, wo ich ging und stand, und buchstabierte wie unter Zwang, was immer mir vor Augen kam, Gebrauchsanweisungen, Waschmittelkartons und die kostbaren Päckchen der Orientzigaretten, die die Erwachsenen achtlos wegwarfen. Abends versuchte ich mich an der Seite des Großvaters an Kreuzworträtseln. Astrologe Wallensteins mit vier Buchstaben: Seni. Ich wusste nichts von Astrologie und Wallenstein, hatte weder Schiller gelesen noch das Bild von Piloty gesehen. Aber ich kannte Seni und liebte den Klang des Namens, den ich leise vor mich hinsagte. Seni. Ich streichelte den

Namen. Er war glatt wie ein Kieselstein. Seni. Je öfter ich ihn hersagte, umso glatter wurde er.

In den Mustern von Tapeten erkannte ich geheime Botschaften, in Bächen, Wolken und auf Steinen entdeckte ich Schriftzeichen. Ich hatte jetzt einen Auftrag, ich war Kryptologe. Die Welt war beschrieben, alle Dinge waren mit Schriftzeichen bedeckt, und nur als Träger von Zeichen verdienten sie meine Aufmerksamkeit. Autos und Traktoren waren nicht etwa zum Fahren da, sondern um auf Zeichen und Namen hin abgesucht zu werden. Pferde trugen Brandmale, Häuser waren gezeichnet, am Himmel schrieben Flugzeuge Nachrichten ins Blaue, die exklusiv für mich bestimmt waren: *Persil*. Wie ein Indianer las ich Spuren im Staub und im Schlamm. Auch Menschen konnten Botschaften transportieren, zumal wenn sie Uniform trugen: Briefträger, Förster, Gemeindeschwestern, Polizisten, sie mochten undurchsichtig sein, aber sie waren lesbar. Nur an einem Objekt biss ich mir die kleinen Zähne aus.

Die Kiste versteckte sich auf dem Dachboden, im hintersten, düstersten Winkel des vierhundert Jahre alten Hauses. Wie manche der halbwilden Katzen, die auf dem Speicher lebten, duckte sie sich ins Dunkel des großen, mit Schieferplatten bedeckten Daches, das dort im spitzen Winkel an den Dachboden stieß. Schwarz wie ein Schatten stand die Kiste da, als lauerte sie mir auf. Eine Holzkiste, innen mit Blech ausgeschlagen, wie man sie zum Transport von Munition verwandte. Ihr verstaubter Inhalt bestand aus Büchern, rauen, schwarzen, bilderlosen Bänden, die wie Teerschollen in wüster Ordnung durcheinanderlagen. Eher zufällig war ich eines Tages auf die Kiste gestoßen. Ich hatte nicht nach ihr gesucht, sie hatte mich gefunden. Als hätte sie auf mich gewartet, stand sie vor mir. Von Stund an war sie mein kostbarster Besitz, mein schwarzer Stein. Dass ich die Bücher nicht lesen konnte, störte mich nicht. Irgendwann würde ich es können und ihr Geheimnis lüften. Bis dahin genügte es mir, Besitzer und Hüter des geheimsten Gegenstandes der Welt zu sein: Ich war der Erwählte.

Das Geheimnis beruhte gewissermaßen auf Gegenseitigkeit. Die Bücher waren jetzt zwar zu meinem Besitz oder meiner Beute oder was auch immer geworden, aber sie ergaben sich nicht. Nicht die geringste Botschaft ließ sich ihnen entlocken. Ihr Inhalt blieb mir verschlossen, noch hermetischer als dies bei meinen üblichen Lektüren der Fall gewesen war. Keines ihrer Zeichen konnte ich entziffern. Es war eine andere Sorte von Buchstaben, als ich sie kannte, anders geformt und geschnitten. Stundenlang starrte ich auf die Seiten meines rätselhaften Schatzes, ohne dass ein Funke von Erkenntnis in mir aufgeleuchtet wäre.

Jahre vergingen, ich vergaß die Kiste, wie so viele Altäre, vor denen ich als Kind das Knie gebeugt hatte. Als sie mir Jahrzehnte später wieder einfiel, fragte ich mich, welcher Krieg, welche Flucht oder welches Schicksal die Kiste dort abgesetzt haben mochte. Was für Bücher konnten es gewesen sein, woher waren sie gekommen, wovon hatten sie gehandelt? Waren die Schriftzeichen auf ihren Seiten hebräische gewesen? Kyrillische? Arabische? Aber meine Eltern hatten das Haus vor langer Zeit verkauft, und niemand lebte mehr, der meine Fragen beantworten konnte.

Das Beste, das unsere frühen Lektüren in uns hinterlassen, heißt es bei Marcel Proust, ist eine »sanfte Erinnerung, die um so vieles kostbarer ist als das, was wir damals mit Hingabe lasen«. Aber wer weiß, wie viel wir gelesen haben, von dem uns nicht einmal sanfte Erinnerungen geblieben sind. Und was ist mit den vergessenen Lektüren, könnten sie nicht doch eine Spur in uns zurückgelassen, unsere Empfindlichkeiten und Empfänglichkeiten modelliert haben? In meiner alten Weise, die darin bestand, unbegrenzten Kredit auf einen zweifelhaften Sinn zu geben, hatte ich auch jenseits des siebenten Lebensjahrs immer weiter gelesen. So hatte ich zwischen zehn und zwölf den mütterlichen Bücherschrank verschlungen, von »Anna Karenina« bis »Vom Winde verweht«. So und kaum anders hatte ich mich auf der Schwelle von der Schule zum Studium durch die »Negative Dialektik« gebissen; nach dreihundert Seiten hatte ich noch keinen Schimmer, worum es eigentlich ging. Der intellektuelle Gewinn überstieg kaum denjenigen der Panamageschichte von einst. Aber ich las weiter, Seite um Seite, betört vom Sirenengesang des dialektischen Manieristen; ich las, wie man möglicherweise auch die ersten kryptischen Texte der Moderne gelesen hatte, den »Ulysses« oder den »Tractatus«: mit enormen Vorschüssen auf

Sinn. Wahrscheinlich wäre Adorno selbst der Letzte gewesen, diese Art von jugendlichem Bankierswesen zu diskreditieren.

Vermutlich wäre dem Autor der »Negativen Dialektik« auch der Gedanke nicht abwegig erschienen, man könne seine philosophischen Texte lesen, als wären sie von einem Belletristen geschrieben – vorausgesetzt, dieser wäre vom hohen Rang eines Proust oder Beckett und nobelpreisverdächtig gewesen. Als Leser kümmerte ich mich nicht um den Grenzzaun, der immer noch die schöne Literatur von der Sachliteratur trennt. Ich las die wissenschaftliche Literatur mit dem Auge des Ästheten und die schöne Literatur mit dem sachlichen Blick des Historikers oder Philosophen. Vielleicht war es diese Neigung oder genauer: meine Abneigung gegen den Zaun, die mich anfällig machen sollte für den Strukturalismus. Sie beflügelte mich, als ich viel später im Leben einmal die Chance bekam, die Literaturseite einer großen Zeitung zu gestalten – eine Seite, die ohne Grenzzaun auskam, eine Seite für Leser, wie sie wirklich lesen: kreuz und quer, nach einem rätselhaften, individuellen Gesetz.

An das Ende der Schulzeit schloss sich ein großer Sommer an. Ihm folgte der lange Winter meiner Militärzeit. Erst Anfang der Siebziger endete auch diese Zeit des Missvergnügens. Aus dem Jungen von einst war ein arroganter junger Mann geworden. Mit Ausnahme eines sonderbaren, ebenso intelligenten wie zynischen Stabsoffiziers, für den ich eine Weile gearbeitet hatte, hatte mir lange Zeit niemand mehr gezeigt, was eine Harke war, zumindest geistig gesehen. Das sollte sich im Studium ändern. So hartnäckig meine intellektuelle Arroganz auch war, vor zwei Kommilitonen musste sie kapitulieren. Der erste machte später eine fabelhafte Karriere als Literaturwissenschaftler und Theoretiker. Die zweite hieß Rita.

Die beiden standen wie Leitsterne über meinen ersten Semestern. Dabei waren sie verschieden genug. Der eine groß und von der Komplexion – die Hautfarbe, das lohende Haar, die intellektuelle Ausdrucksweise – hell. Die andere ein dunkles Gestirn, ein düsterer, von Asche bedeckter Planet. Rita rauchte und redete, schien aber ansonsten nur durch schwarzen Tee mit der Welt der Sterblichen verbunden. »Uns nährt die Erde« hieß die deutsche Übersetzung von André Gides *Nourritures terrestres*. Rita nährte sich von Texten und Ideen. So oft ich zu ihr kam, in ihre Höhle, die außer einem Bett und einem Schreibtisch keine weiteren Einrichtungsgegenstände zu enthalten schien, fand ich sie über Bücher gebeugt, zahllose weitere Bände und einiges Papier lagen im weiten Umkreis verstreut. Sie blickte kurz auf, registrierte meine Anwesenheit und wies stumm auf einen von Büchern unbesetzten Platz. Unverzüglich begann sie ihre Vorlesung, die im wesentlichen in der Diskussion ihrer jüngsten Lektüren bestand. Aus den gelesenen Seiten wurden in ihrem Kopf Fragen und aus den Beweisgängen Rätsel. Sie legte mir die Fragen vor und gab mir die Rätsel auf. Rita hatte unergründliche schwarze Augen und die Stirn einer Löwin, Rita war eine Sphinx.

Angestrengt lauschte ich ihren theoretischen Erörterungen und versuchte ihre Probleme zu verstehen. Wie sehr wünschte ich mir, ich könnte ein einziges ihrer Rätsel lösen. Oder wenigstens eine intelligente Frage stellen, die zeigte, dass ich halbwegs auf der Höhe des Gesprächs war. Aber alles, was mir einfiel, war von unsäglicher Banalität und verriet meine intellektuelle Inferiorität. Gottlob ließ Rita hin und wieder den Namen eines Autors fallen oder gab den Titel eines ihrer Referenzwerke preis. Ich machte mir eine rasche Kopfnotiz und eilte, kaum war ich aus dem Privatissimum entlassen, in die Universitätsbuchhandlung, wo ich im Regal für Philosophie oder in der Ecke für Ästhetik fündig wurde. Alles andere war bloß eine Frage der gut genutzten Zeit. Eine Woche hatte ich Zeit bis zum nächsten Besuch bei Rita. Bis dahin sollte Benjamins Ästhetik begriffen sein.

Zuhause angekommen, machte ich mich unverzüglich an die Arbeit. Mein Herz war voller Zuversicht. Vielleicht wäre ich beim nächsten Mal noch nicht so weit, Antworten auf Ritas Probleme zu haben. Aber intelligente Fragen würde ich ihr stellen können. Ungestüm vergrub ich mich in die Texte, las vorwärts und rückwärts, strich einzelne Wörter an, dann Sätze und schließlich halbe Seiten, verzierte die Ränder mit Kringeln, Strichen, Begriffen und Glossen: Sehr gut! Dialektik. Stillstand. Geschichtsbild … In meinem Eifer und meiner Not griff ich auf meine ältesten atomistischen und totemistischen Techniken zurück, las Wort für Wort, dann Satz für Satz, las weiter, auch nachdem ich den Sinn seit Stunden hinter mir gelassen hatte. Ich las, als ginge es um mein Leben, ich las für Rita. Dann war die Woche um.

Ich fand Rita wie üblich unter Papieren vergraben. Das hoffnungsvolle Leuchten in meinem Blick übersah sie, als sie mir meinen Platz zuwies. Ohne lange Vorrede kam sie zum Thema der heutigen Stunde. Sie hatte Benjamin hinter sich gelassen und war auf dem Umweg über Adornos »Ästhetische Theorie« zu Schelling zurückgegangen. Von ihm aus versuchte sie einen neuen Zugang zum Begriff der Allegorie zu finden. Ich saß da wie versteinert. Meine gesamte Arbeit der vergangenen Woche war nutzlos gewesen. Rita hatte ihre Zelte abgebrochen und war weitergewandert, zu neuen Problemen, neuen Rätseln, zu Gipfeln, auf die ich ihr nicht folgen konnte. Auch an diesem Tag würde ich keine intelligente Frage stellen. Allenfalls für eine Kopfnotiz würde es reichen, eine innere Mitschrift der Vorlesung und den erneuerten, verzweifelten Versuch, Rita doch noch einzuholen.

So ging es weiter, Woche für Woche, einen ganzen Winter lang. Ich gab nicht auf. Es war ein verbissenes Ringen, ein heimlicher zäher Kampf zweier ungleicher Partner. Irgendwann würde sie kommen, meine *finest hour*, wenn ich Rita niedergelesen haben würde. In der Universitätsbuchhandlung kannten sie mich schon, ein Verrückter mehr auf dem Campus. Mochte ich mich nur ruinieren. Als ich nach soundso vielen Wochen spürte, dass ich als Leser und angehender Intellektueller Rita nie gewachsen sein würde, versuchte ich das andere, das klassische Spiel und brachte eine Flasche Wein mit. Sie sah auf, verstand und legte ihre Notizen beiseite. Ich hatte auf ihre theoretischen Fragen die dümmste aller praktischen Antworten gegeben. Die Sphinx verstummte, der Vorlesungsbetrieb war beendet.

Goethe, so berichtet Eckermann, hätte gern noch fünfzig Jahre länger gelebt, um zu sehen, wie die Engländer einen Kanal bei Suez schafften, die Deutschen eine Verbindung zwischen Rhein und Donau und die Ingenieure der Vereinigten Staaten einen Durchstich durch die Landenge von Panama: »Dieses möchte ich erleben, aber ich werde es nicht.« So Goethe im Februar 1827, ziemlich genau 130 Jahre bevor ich, ein blinder Maulwurf, endlich meinen Durchstich nach Panama schaffte und das Land als Leser in einen fragwürdigen Besitz nahm. Mit sieben Jahren wusste ich nicht, wer Lesseps war, hatte keine Ahnung von den Krisen der Dritten Republik, selbst Goethe hätte mir vermutlich noch nicht viel gesagt. Heute erscheint mir meine kindliche Panamaexkursion wie eine erste Reise in die Geschichte, und der Name »Panama« – mit seinem dreimal wiederholten Vokal A, dieser Klangsynthese aus Papa und Mama – wie eine Brücke über den Fluss der Zeit.

Es gibt Geschichten von Menschen, die sich im höchsten Alter, schon gegen die Hundert vorrückend, an die Bekanntschaft mit einem ebenfalls Uralten erinnern, die sie als Kind machten – so dass sie plötzlich das Gefühl haben, fast zwei Jahrhunderte zu überspannen und in die Zeit Napoleons zurückzureichen. Als der Fotograf und

Ballonflugpionier Félix Nadar 1886 eine Serie von Bildern des hundertjährigen Chemikers Michel-Eugène Chevreul aufnahm, erinnerte sich dieser, wie er als Sechsjähriger die Bekanntschaft eines steinalten Abbé gemacht hatte, der seinerseits als Kind an der Tafel *du grand roi*, Ludwigs XIV., gesessen hatte. Ich schaffte mit meiner Wortbrücke, dem Namen eines mittelamerikanischen Kleinstaats, mal eben schlappe 130 Jahre bis zu Goethe, und auch das erfuhr ich erst viele Jahre später, als ich Eckermann las. Trotzdem blieb »Panama« mein Codename für das Geheimunternehmen, an dem sich nur Leser beteiligen können – die Reise in die Vergangenheit.

Im Westend

Solange es nicht regnete, war es auszuhalten. Trockenen Fußes konnte man der Sache sogar eine komische Seite abgewinnen. Absurd genug war sie ja. Aber Frankfurt im Oktober blieb nicht lange trocken. Eine Buchmesse in der Herbstsonne – undenkbar. Kaum war einer aus den überheizten Hallen heraus, fuhr ihm der kalte Wind ins Hemd, und der Regen rann ihm aus den Hosen. Neulinge auf der Buchmesse erkannte man daran, dass sie entweder zu dick oder zu dünn angezogen waren. Die Längergedienten wussten, dass man seine Garderobe aufbauen musste wie eine Zwiebel ihre Schalen, aus vielen dünnen Schichten. Irgendwann gehörte auch ich zu den Erfahrenen, den Routiniers der Buchmesse.

Anfangs spielte sich die Sache für mich im Freien ab. Draußen, vor den Toren der Buchmesse, wo die Antiquare ihre wackligen Stände aufbauten, die Apokalyptiker und die Kosmisch-Dynamischen. Daneben hatten die Feministinnen und die Politischen ihre Koexistenz der Unrasierten etabliert. Irgendwo zwischen all diesen Frankfurter Schulen befand sich auch mein Stand, es regnete, und die Schuhe der Genossen machten beim Gehen quietschende Geräusche.

Ab und zu schlich ich mich für eine Viertelstunde weg, zum Aufwärmen in die Hallen. Hängte mich an die Pumps von niedlichen Buchhändlerinnen aus der Provinz, ließ mich vom herben Charme intellektueller Lektorinnen verzaubern. Trenchcoats und Hornbrillen, Erotik und Intellektualität, der tödliche Cocktail. Manchmal fasste ich mir ein Herz und redete die Objekte meines Begehrens erst an und dann zu (der Ausdruck »zutexten« kam erst zwanzig Jahre später in Gebrauch). Vergessen die Nässe, die quietschenden Schuhe. Irgendwo klingelten Gläser. Dann musste ich wieder hinaus, in die Depression des hessischen Herbsts, zu den Genossen, die auf Ablösung warteten, um sich selber zur Bourgeoisie hin zu verdrücken, zu ihren hohen Absätzen und ihren tiefen Gläsern.

Es war nicht die Sache der Weltrevolution, der ich vor den Toren der Buchmesse diente. Meine Begeisterung für Politik hielt sich in Grenzen, und meine Kampfbereitschaft für die Arbeiterklasse in noch engeren. Aber der Buchladen, bei dem ich durch mehrere Semester hindurch mein schmales Budget aufbesserte, war ein sogenannter Roter Buchladen und verlangte tätige Solidarität: auch und gerade während der Buchmesse. Der eminente Chef und Gründer des Ladens hatte in einem Augenblick besonderer ökonomischer Zuversicht oder revolutionärer Naherwartung einen Sonderposten von Werken des Großen Führers Kim Il Sung aufgekauft, entsprechend dem

Umfang einer mittleren Lagerhalle. Braun eingebunden und noch hässlicher als die Werke von Stalin, waren sie vermutlich auch an literarischer Qualität diesen unterlegen.

Dieses bedeutende Konvolut hieß es nun an den lesenden Arbeiter, Bauern oder Studenten zu bringen. Welcher Platz, sagte sich der Chef, wäre geeigneter als der Ort, den die buchhungrigen Massen in dieser Oktoberwoche zwangspassierten? Natürlich verkauften wir kein Stück. Die Werke des Vorsitzenden Kim Il Sung lagen unter dem Tisch wie die Regenwolken über dem Westend, bleischwer. So war Korea nicht zu helfen.

Es war eine Zeit, in der man viel vom Materialismus sprach, aber dabei eher an literarische Phänomene dachte. Feuerbach, Marx und Engels, Friedrich August Lange: Geistig lebten die Neomarxisten der siebziger Jahre im 19. Jahrhundert. Noch waren die Welten von Geist und Stoff, Kunst und Küche klar getrennt. Kein Gedanke daran, dass eines Tages sogenannte Kochshows die besten Sendezeiten des Fernsehens beherrschen oder den bildungsbürgerlichen Theaterabend verdrängen würden. Aber einige findige Verleger von Kochbüchern schafften es auch damals schon, sich in die heiligen Hallen der Literatur und der Theorie einzuschleichen. Von den Kochplatten und Backöfen, die sie zur Animation des Buchgeschäfts installierten, stiegen Duftwolken auf, die ihrer literarischen und theoretischen Nachbarschaft schwer zusetzten.

Unweit des Suhrkamp Verlags mit seiner asketischen

zweiten Moderne und seinen grau in grau gewandeten Lektoren, die an einen intellektuellen Orden denken ließen, gab ein Kochbuchverleger seinen Kunden Süßes. Er warb für ein Buch mit Crêpe-Rezepten, und seiner nie erkaltenden Backscheibe entstiegen verführerische Schwaden. Von der Dialektik der Zugluft erfasst, zogen sie in Richtung Suhrkamp. Dort litt das Gespräch zwischen Alfred Schmidt, dem gewichtigen Erben der Frankfurter Schule und Autor eines Hauptwerks des literarischen Materialismus, und Siegfried Unseld, dem mächtigen Chef des Suhrkamp Verlags, darunter, dass Schmidt keine Gelegenheit ausließ, kaum dass Unseld einen wichtigen Passanten begrüßte, um behende zu entweichen und sich mit frischen Crêpes zu versorgen. Ohnmächtig musste Unseld, der selbst kein Kostverächter war, ansehen, wie die Frankfurter Schule dem Vulgärmaterialismus verfiel, und hasste seinen Standnachbarn nur umso inbrünstiger.

In meinen Anfängen auf der Buchmesse war ich der Junge mit der Tasche. Ich gehörte nicht zu den Massen der Prospektsammler mit ihren Taschen aus Jute oder Plastik. Noch weniger war ich zu verwechseln mit den semiprofessionellen Bücherdieben, die sich als Prospektsammler tarnten und Bücher von den Standwänden klauten. Meine Tasche diente nicht dem Abtransport von Werbematerial oder Diebesgut, sie war Musterkoffer, Sturmgepäck und Botanisiertrommel der Ideen. Ich war der Junge mit den tausend Projekten, der Schrecken des Lektorats, die Nervensäge der Messe. Wenn einer mir zuhörte, ob Lektor oder Verleger, kannte und konnte ich alles. Wollte alles herausgeben, alles übersetzen, alles bebildern, alles schreiben. Stundenlang redete ich auf entnervte Kleinverleger ein, tagelang umschlich ich die Stände der Großen. Als ich Jahre später selbst dem Personal eines Standes angehörte, erkannte ich meinen alten Typus schon von weitem. Wenn der Junge mit der Tasche unseren Stand enterte, hatte ich mich längst durch die Hintertür davongemacht.

Aus der Perspektive eines Verlagsmitarbeiters lernte ich die Messe ein zweites Mal kennen. All ihre Größe und Niedertracht, nichts blieb mir verborgen und nichts erspart, kein Kater, keine Erkältung. Eine Woche lang ließ ich nichts aus, keinen Empfang und keine Bar, die Flirts im Frankfurter Hof und die Abstürze im Café Laumer, das für eine Woche Café Rowohlt hieß.

Eine Zeitlang gab es die besten Cocktails bei den Éditions du Seuil, wo Inge Feltrinelli sich in einer silbernen Bratfolie auf der Couch räkelte und Klaus Wagenbach meckerte wie ein Bock. Ich kannte die Schäbigkeit der Hotels und Absteigen in der Innenstadt, die einem das Dreifache des normalen Preises aus der Tasche zogen und zum Dank das stumpfe Messer ihres Frühstückskaffees in den Magen stießen. Ich erlebte das Hofzeremoniell von Unselds Kritikerempfängen und die Herrenabende der FAZ unter Hirschgeweihen in der Siesmayerstraße. Ich überlebte Hunderte von Lesungen, Prominenteninterviews und Verhandlungen mit schwer alkoholisierten Kollegen. Ich sah Willy Brandt und die Leibwächter von

Helmut Kohl und roch den Pfeifenqualm von Günter Grass. Ich sah die verknautschten grauen Anzüge von Peter Glotz, der Jahr für Jahr die Messe besuchte, und träumte nachts von meinem alten Lehrer, der Klotz geheißen und ähnlich verknautschte Anzüge getragen hatte. Ich vergaß mich in der Anarchie des Montagnachmittags, wenn alle Lektoren und Verlagsmitarbeiter zu archaischen Raub- und Tauschzügen aufbrachen und über die Stände der anderen herfielen. Dann packte ich ein, was vom eigenen Stand übrig war, die Auftragsbücher und den Cognac des Verlegers, nahm Aspirin und fuhr nach Hause.

Wenn ich mich damals, müde und zynisch, wie ich war, an meine Anfänge auf der Messe erinnerte, sah ich wieder den Jungen mit der Tasche vor mir. Wieso war das Leben damals so viel spannender gewesen? Es hatte nicht nur an den Plänen und Skizzen in der Tasche des Jungen gelegen, den Autorenlisten und Übersetzungsproben, mit denen er hausieren ging. Pläne hatte ich immer noch, mehr denn je sogar, und meine Taschen und Schubladen waren voll mit ungeschriebenen Büchern. Die Spannung von damals hatte andere Ursachen gehabt, sie war, wie meine marxistischen Kollegen gesagt hätten, objektiver Art.

Ich war damals ein Doppelagent gewesen, nicht in politischer, sondern in ökonomischer Hinsicht. Wenn ich mit den Verlegern sprach und sie für meine Ideen zu begeistern suchte, musste ich wohl oder übel auch die Verkaufbarkeit der Bücher in Betracht ziehen, musste ich das Buch als Ware betrachten. Ich argumentierte in der Logik der Marktökonomie. Wenn ich wieder daheim war, an meinem Studienort, betrieb ich die Subversion des Markts. Ich agierte als Anarchist und Räuber. Das brachte eine gewisse Dramatik in mein Leben, bescheiden aber immerhin.

Nicht dass ich selber Bücher geklaut hätte. Das war nicht mein Geschäft. Ich kannte Kommilitonen mit langen Mänteln, in deren Innenfutter zahlreiche Klammern, Taschen und Vorrichtungen zur unsichtbaren Aufnahme und zum Abtransport gestohlener Bücher angebracht waren. Sie stahlen wie die Raben, sie klauten gezielt und auf Bestellung. Die Buchhändler fürchteten sie und suchten sie zu fassen, aber die Diebe waren schlau und schnell, außerdem hatten sie den Zeitgeist auf ihrer Seite und die Sympathie vieler Kunden, deren Ehrlichkeit auf wenig mehr beruhte als einem anderen Risikokalkül. Mit dieser altertümlichen und handwerklichen Form der Raubökonomie hatte ich nichts zu schaffen. Was mich zum Räuber *malgré moi* werden ließ, war meine Berührung mit den Produkten der damals in Blüte stehenden Raubdruckerei.

Ein junger amerikanischer Historiker namens Ben Mercer hat kürzlich plausibel dargestellt, was »1968« medienhistorisch oder genauer gesagt: in der jüngeren Geschichte der Printmedien gewesen ist: eine *paperback revolution*. Die Theorien und Ideologien der 68er verbreiteten sich in erster Linie über Taschenbuchreihen, die, kaum gegründet, aufblühten und proliferierten. Die

Siebziger waren das Jahrzehnt des Taschenbuchs und der von inspirierten Lesern wie Günther Busch, Andreas Catsch, Jürgen Manthey und Michael Krüger gemachten Reihen. Obwohl sie so gute Leser waren, füllten sie ihre Reihen doch mit Titeln, die unliterarisch waren, insofern als sie vorgaben, die Welt zu erklären, und zwar ein für allemal. Das Taschenbuch war das Medium der letzten Worte. Ähnliche Buchreihen, ähnliche Programme, ähnliche »Macher« fanden sich auch in Frankreich, Italien und Amerika. Der ganze Siegeszug der Soziologie wäre nicht denkbar gewesen ohne die Partnerschaft des Taschenbuchs. »Kapital und Arbeit« von Urs Jaeggi wurde zum Bestseller der siebziger Jahre; die *edition suhrkamp* zum wichtigsten Möbelstück studentischer und alternativer Wohnkultur. All das ist oft genug beschrieben worden.

Aber dies sind Phänomene und Umsätze, die auf dem offiziellen Buchmarkt realisiert wurden. Daneben gab es einen anderen, inoffiziellen Buchmarkt; ihn als »grauen« zu beschreiben, würde die Sache verharmlosen. Der Raubdruck war ein ökonomischer Anschlag auf das Geschäft der legalen Anbieter und verstand sich als politische Subversion. Der studentische Käufer, damals so klamm wie heute, ließ sich gern von den fliegenden Händlern einfangen, die auf Tapetentischen am Rande der Hörsäle und in der Lobby der Mensa ihre heiße Ware anboten, soweit sie nicht des Abends mit kleinen Bauchläden durch die Studentenkneipen zogen. Die Klagen der Verlage, die sich spürbar geschädigt sahen, verhallten ungehört, niemand unternahm im Ernst den Versuch, den Produzenten und Dealern des literarischen Suchtstoffs das Handwerk zu legen.

Denn um nichts anderes handelte es sich: Suchtstoff. Niemand wusste besser als die Raubdrucker, wonach der akademische Nachwuchs der Weltrevolution in den siebziger Jahren verlangte: den Dichtern der Stunde wie Erich Fried und Pablo Neruda und in der weiblichen Szene gefeierten Prosaistinnen wie Verena Stefan. Die neuen französischen Theoretiker wie Foucault und Deleuze lagen, kaum übersetzt, schon als Raubdruck vor; der falsche »Anti-Ödipus« verspottete gar den geschädigten Verlag als »Suhrbier-Verlag«. Ebenfalls gefragt waren linke Klassiker, die vom Markt verschwunden und nur noch im gehobenen Antiquariat, also unbezahlbar, zu finden waren: Karl August Wittfogels Geschichte der orientalischen Despotie, Franz Borkenaus Frühgeschichte des Kapitalismus, und so ging das weiter mit Wilhelm Reich, Karl Korsch und Georg Groddeck. Der Höhepunkt war erreicht, als eines Tages das Gesamtwerk von Freud, nicht nach der populären Ausgabe bei S. Fischer, sondern nach der großen Londoner Ausgabe kopiert, im Angebot eines Raubdruckers erschien.

Auf den Büchertischen der fliegenden Händler mischten sich die Produkte des legalen Geschäfts mit denen illegaler Provenienz. In fröhlicher Indifferenz lag alles durcheinander, Raubdrucke neben Erstausgaben, Suhrkamp neben Suhrbier. Die meisten Verkäufer waren Studenten und kannten angesichts des literarischen Mundraubs keinerlei Unrechtsbewusstsein. Hauptsache, die wichtige Literatur war greifbar und lag in Reichweite der knappen studentischen Budgets. War es nicht besser, man versorgte die Kommilitonen auf diese Weise, als dass man sie zu Ladendieben werden ließ? Mit ähnlichen Gedanken beruhigte auch ich mich, wenn ich gegen Mittag meine Schubkarre vom Roten Buchladen zur Mensa rollte, um dort meinen Büchertisch aufzuschlagen, auf dem ich die bewährte Mischung bot.

Der Büchertisch war kein schlechter Job, um sich etwas dazuzuverdienen. Sauberer, interessanter und weniger anstrengend als Kellnerei, Umzüge oder Fabrik. Der einzige Nachteil der Sache war identisch mit einem ihrer Vorzüge. Ich konnte über den Buchladen verbilligt Bücher beziehen: Einkaufspreis, Kollegenrabatt. Am Ende des Monats hatte ich alles in Naturalien umgesetzt, und von der Auszahlung, die der Aufbesserung meines bescheidenen Budgets dienen sollte, blieb kein Pfennig. Dafür hatte ich plötzlich Bücher im Regal, die andere sich nicht leisten konnten, gebundene Ausgaben von Adorno und Heidegger, die teuren Schriften von Husserl. Als ich die Hand nach den ersten literarischen Klassikerausgaben ausstreckte, bemerkte ein Freund, der immer noch die Auswahlbände von *Reader's Digest* aus dem Sperrmüll rettete, ich sei auf dem Weg, ein Bildungsphilister zu werden. Das saß. Ich wollte ein Intellektueller sein, und irgendwie verband sich damit für mich ein asketisches Moment. Der Besitz eines gepflegten bürgerlichen Buchregals mit Leinen- oder Lederrücken passte nicht dazu. Raubdrucke in Orangenkisten schon eher.

Ich korrigierte meine Anschaffungspolitik und kehrte zur Austerität zurück. Wie beiläufig entdeckte ich die Vorzüge des Antiquariats. Die klassischen alten Universitätsstädte Deutschlands wie Göttingen, Tübingen oder Freiburg besaßen neben großen, berühmten Universitätsbuchhandlungen auch mehrere gepflegte Antiquariate, in denen unendlich gelehrte Kenner über verstaubte Schätze wachten. Meist waren es ältere Männer von einer gewissen Verschrobenheit und Säuerlichkeit. Die meisten von ihnen hatten irgendwann ein geisteswissenschaftliches Studium abgebrochen und nach dem Abschied vom Lebensziel des Akademikers sich für den Typus des Connaisseurs entschieden. Wie alle Menschen ihres Schlages kommunizierten sie am liebsten mit ihresgleichen. Gespräche mit offenkundigen *minores,* wie junge Studenten es waren, führten sie knapp, belehrend und mit allen Anzeichen der Herablassung. Das antiakademische Ressentiment, das ihr verkrachtes Studium in ihnen hinterlassen hatte, blühte auf, sobald ein junger Mann, der ersichtlich nichts als Theorie und Flausen im Kopf hatte, es wagte, ihre Eremitenhöhle zu betreten.

Es waren versunkene Schätze, die sie hüteten. Der Untergang der klassischen Gelehrtenbibliotheken, jener schweren Dampfer der 20 000-Bände-Klasse, die das Internet torpedieren und versenken sollte, warf schon seinen fahlen Schatten voraus. Veränderte Lesegewohnheiten, neue Kanäle wie das Taschenbuch, der Siegeszug der

Fotokopie, aber auch die Vielzahl neuer Bibliotheken in den massenhaft gegründeten Universitäten und Fachhochschulen – all diese medialen Mäuse nagten an den Fundamenten jener Monumente der Gelehrsamkeit, die natürlich immer auch Machtdemonstrationen, Ausweise individueller Bildungshoheit gewesen waren. Der Bautrieb, der solche Kathedralen hatte entstehen lassen, war noch lebendig, aber seine Vitalität ließ sachte nach.

Es kamen die Goldenen Jahre des Antiquariats. So wie sich damals die berühmten Antiquariate von Budapest, Jerusalem und New York mit den Schätzen der aus Deutschland und Osteuropa Geflohenen füllten – Reisende, die mit Koffern und Kisten voll Rara zurückkamen, erzählten mit leuchtenden Augen, so als hätten sie die Küsten eines Neuen Indien betreten –, so quollen auch die spezialisierten Buchhandlungen der deutschen Universitätsstädte über vor literarischen und historischen Kostbarkeiten. In der einsetzenden Gletscherschmelze der Gelehrtenmassive wirkten die Antiquariate wie provisorische Auffangbecken. Wer wollte, konnte in ihnen wunderbare Entdeckungen machen. Natürlich hätte man auch mit den bibliografischen Mitteln des philosophischen Seminars Georg Simmels Kant-Vorlesungen oder Max Horkheimers schmale Habilitationsschrift über die »Kritik der Urteilskraft« auftreiben können. Aber ihnen unvermutet im Antiquariat zu begegnen, sie vom Duft oder Muff einer vergangenen Zeit umgeben zu erleben, den Staub von ihren Seiten zu wischen und eine verzitterte Widmung aus der Zeit vor 1933, die ja nun wirklich ein versunkener Kontinent war, zu entziffern, berührte einen anders, tiefer, fast erotisch und etwas unheimlich.

Ich machte eine Erfahrung der vorbegrifflichen Art. Sie führte mich zurück in eine Welt, die ich als Kind bewohnt hatte. Genau genommen lag die Erfahrung nicht bloß vor dem begrifflichen Denken, sondern vor dem Denken überhaupt. Es war eher eine Art Ahnung, eine Dämmerung, ein Erstaunen. Vor welchen Gegenständen war mir als Kind zuerst aufgegangen, dass es nicht nur Menschen gab, die älter waren als ich selbst, sondern dass es sich mit den meisten Dingen der Welt genauso verhielt? Was war es gewesen, worauf hatte ich geblickt, was hatte ich in der Hand gehalten, als ich zum ersten Mal sah und spürte: *Das ist alt.* Es ist älter als du, es weiß mehr als du, es hat den Krieg erlebt und eine wer weiß wie lange Zeit davor. Vielleicht hat diese Holzbrücke Napoleon gesehen, vielleicht hat der Kaiser sie passiert auf seinem Weg nach Russland. Jahrzehnte später stieß ich als Archivar in der mir anvertrauten Sammlung auf ein unscheinbares Stück Zwirn mit einem Zettel daran: Faden aus einem Stuhl, auf dem Schiller gesessen haben soll. Nie war mir der Geist des Antiquarischen lebendiger erschienen. So hatte auch ich als Kind gedacht und später gelegentlich noch empfunden. Das Erstaunen vor dem Phänomen des schieren Altseins der Dinge, der Anfang des historischen Sinns: Im Antiquariat hatten sie eine Zuflucht gefunden.

Manchmal fragte ich mich, warum ich nach einer nicht zu knappen Drift durch das Spektrum der geisteswissenschaftlichen Fächer schließlich bei der Geschichte hängengeblieben war. Oder weshalb ich zu ihr zurückkehrte, so sehr mir die Kollegen in ihren Cordhosen, ihrer politischen Beflissenheit und ihrem Unbehagen in der Theorie auf den Wecker gingen. Ich versuchte alle möglichen Antworten, am Ende kam ich doch wieder zu dieser ursprünglichen Erfahrung zurück: Ich liebte alte Dinge. Ich mochte Gebrauchsspuren, lange Wege der Provenienz und das Gekritzel früherer Besitzer. Erst wenn die Dinge von Hand zu Hand gegangen waren, konnte ich sie in die meine nehmen, erst wenn sie beschrieben waren, fielen sie mir in die Augen. Ich zog Gebrauchte den Neuwagen vor, lebte lieber in Altbauten. War auch im Reich der Ideen der möblierte Herr, und eher möbliert als ein Herr.

War das Staunen der Anfang der Erkenntnis, so war der Geist des Antiquarischen der Anfang der Geschichte. Später kamen andere Lektionen hinzu: über Mächte und Ideen, über Kräfte und Realitäten, über Glauben und Technik: *The virgin and the dynamo.* Aber das war eine andere Welt, weit entfernt von meiner juvenilen Phänomenologie des Alten. Kein Zweifel, dass diese Großen Mächte bedeutend waren; ja, sie bestärkten mich in meiner Neugier auf die Geschichte. Aber nie mehr spürte ich jenen Zauber des Anfangs, der von einem verstaubten Blatt im Antiquariat ausgegangen war.

Der Blick, den ich jetzt auf die Schubkarre warf, wenn ich gegen Mittag über die Mensabrücke rollte, mein Blick, der über den Büchertisch in der Lobby glitt, war ein Medusenblick. Vor mir sah ich das Antiquariat der Zukunft. *Vanitas vanitatum.* Um das Schaukeln der Zeit zu bremsen und mich meiner Gegenwart zu versichern, knüpfte ich Gespräche mit Kommilitoninnen an, die vor meinem Büchertisch haltmachten und in der Auslage blätterten. Lief das Gespräch gut und leicht, sprang vielleicht ein Funke gegenseitigen Wohlgefallens über, waren Preisnachlässe bei den Büchern denkbar oder ein gemeinsamer Besuch der Kuchen- und Kaffeebar nach vorzeitigem Abbruch des Tagesgeschäfts. Ich erwies mich als flexibler Geschäftsmann, jederzeit bereit, Profite einzustreichen, die nicht rein ökonomischer Natur waren. Manche gute Gelegenheit ergab sich auf diese Weise. Bis auf eine Ausnahme, die mich heimlich schmerzte.

Sie war anders als die anderen, unerreichbar, undurchdringlich, in ihre aparte Schönheit verschlossen. Die Augen von einem mittelblonden Pony verschattet, der ihr tief in die Stirn hing, *façon voilée* hätte Doderer gesagt. Aber man spürte, dass ihre Verschattung nicht in jugendlicher Schwermut gründete, sondern in einer Absicht. Sie hatte einen Vorhang herabgelassen. Sie kam ein, zwei Mal die Woche, ich meinte zu spüren, dass sie an Literatur und Politik interessiert war und gern in den Neuerscheinungen blätterte, inbrünstig hoffte ich, ihr Interesse könnte sich auch auf mich erstrecken. Aber nie ging das Gespräch mit ihr über Belanglosigkeiten hinaus. Es war, als hätte sie ein Gelübde abgelegt, das sie vor weltlichen Versuchungen schützte. Irgendwann kam sie nicht mehr; ich versuchte, Erkundigungen über sie einzuziehen, bekam aber nichts heraus, nicht einmal, welches Fach sie studierte. Eine Zeitlang dachte ich noch an sie, dann vergaß ich sie.

Durch einen Zufall entdeckte ich sie wieder. Es war auf dem Postamt, ich musste warten und ließ meine Blicke über die Poster an der Wand gleiten. Da war sie, unverkennbar. Sie erwiderte meinen Blick, wie sie es vorher nie getan hatte, unverschattet, ohne Fransen vor den Augen. Ihr Bild war Teil einer Reihe von Porträts auf einem Fahndungsplakat der Roten Armee Fraktion. Ich fand, dass sie noch immer gut aussah, auch nachdem ihr Geheimnis gelüftet war, und fragte mich, was wohl gewesen wäre, wäre unser Gespräch einmal in Gang gekommen. Ich stellte mir vor, wie ich sie von ihrem politischen Wahn geheilt hätte, wie sie mir dankbar gewesen wäre. Ich fragte mich, ob ich jetzt auf die RAF eifersüchtig sein müsste. Wenn ja, was folgte daraus? Ich stellte mir vor, wie ich ganz allein, zwölf Uhr mittags, den harten Kern der RAF in den Staub der Straße schickte.

Die wirklichen Niederlagen warteten anderswo. Periodisch erwachte der Bildungsphilister in mir zu neuem Leben und ließ mich über ein ungenau erinnertes Zitat oder eine falsche lateinische Form stolpern. Ich wusste nicht, dass der Marmor von Paros »parischer Marmor« hieß und erfand eine falsche und ungelenke Wiedergabe. Der hämische Anruf meines späteren Kollegen R., von seinem Freund W. auf den Fehler aufmerksam gemacht, erreichte mich noch vor acht Uhr morgens und verdarb mir nicht bloß den Tag, sondern Wochen. Es amüsierte mich, wenn mein Freund Y. einen gemeinsamen Bekannten und Großintellektuellen als geistigen *nouveau riche* bezeichnete, aber insgeheim wusste ich, dass ich keinen Grund zum Lachen hatte. Die Patzer, die mir unterliefen, waren die klassischen Pannen des *homo novus* in der Bildungsrepublik. Diese Republik mochte in der Realität gescheitert und als Ideal erledigt sein, als Drohung und Zuchtrute funktionierte sie noch. Die Niederlagen, die sie mir beibrachte, juckten und brannten ein Leben lang.

Die Orange

Alles, was Paris fehlte, waren zwei deutsche Studenten mit großen Plänen, bescheidenen Mitteln und einem alten VW mit kaputtem Anlasser, der es erforderlich machte, den Wagen am Scheitelpunkt einer abschüssigen Straße zu parken. Alles, was uns fehlte, war eine Unterkunft für die kommenden Monate. Wir hatten gelesen, dass Sartre und Beauvoir jahrelang im Hotel gewohnt hatten. Das würde auch unserem Stil entsprechen. Wir hatten unsere Ansprüche, was Glanz und Komfort anging, gedrosselt und begannen unsere Suche in der Zwei-Sterne-Kategorie. Am nächsten Tag operierten wir eine Stufe darunter und am dritten Tag in der Kein-Stern-Kategorie. Hotels dieser Klasse mit handtuchbreiten Zimmern fanden sich vorwiegend in »schwarzen« Vierteln wie Belleville und wurden bevorzugt von arabischen und schwarzafrikanischen Familien bewohnt. Nach dem Betreten dessen, was sich kühn als Rezeption bezeichnete, herrschte zunächst Totenstille. Ganz allmählich bemerkte man einen rollenden Grundton, der zu einem sonoren Knurren anschwoll, bis endlich der gelbschwarze

Kopf eines deutschen Schäferhunds hinter dem Tresen auftauchte.

Wenn wir am Abend unverrichteter Dinge heimkehrten, empfing uns unser Gastgeber, ein ehemaliger Kommilitone namens Hugo, mit einem Teller Nudeln, einem Glas Wein und aufmunternden Worten. Hugo lebte seit einiger Zeit in Paris, hatte eine zauberhafte französische Freundin, dilettierte als Fotograf und verdiente sein Geld als Barmann. Ähnlich hatte er schon während des Studiums in Marburg gelebt, und bereits damals war er der Gegenstand unserer Bewunderung und unseres heimlichen Neides gewesen. Hugo war eine männliche Schönheit jener Zeit: sonore Stimme, brauner Schnäuzer, prachtvolle Brustbehaarung, in der etwas Goldenes schimmerte, schon damals war er umgeben von attraktiven Frauen. Das Studium hatte er eher mit links absolviert, er war nicht der große Intellektuelle, der uns als Ziel vor Augen schwebte, dafür aber irrsinnig nett. Eines Abends, als wir wieder frustriert bei ihm einliefen, fanden wir ihn nicht allein. Ein alter Freund war hereingeschneit.

Der Freund hieß Hubert und kam noch etwas breitspuriger und jovialer daher als Hugo. Er füllte die Couch lässig aus und fixierte uns mitleidig: Na, Jungs, was macht ihr denn so? Ich habe mir gedacht, fing mein Freund an, während er schnell noch einen Schluck nahm, ich werde Derridas Hegel-Lektüre auf die »Enzyklopädie« übertragen und untersuchen, ob sie auch Hegels Psychologie adäquat beschreibt, ich meine vor allem im Übergang von ... Hmm, machte Hubert und sah mich an: Und du?

Ich will ausgehend von Foucaults Nietzsche-Lektüre die Genese von Nietzsches Sprachphilosophie nachzeichnen und von da aus … Hmm, machte Hubert wieder. Dann Pause. Ich nahm allen Mut zusammen: Und du? Export, sagte Hubert. Hugo goss uns nach.

Wer Mitte der siebziger Jahre nach Paris kam, erlebte eine Stadt, die noch in vielen Zügen derjenigen glich, die Walter Benjamin und Louis Aragon beschrieben hatten. Sicherlich war dies nicht mehr die Hauptstadt des 19. Jahrhunderts, das Paris der Barrikaden und der Mühlen auf dem Montmartre, der Maler und Artisten. Aber die Passagen waren noch da, und es gab noch den *Train bleu* in der Gare de Lyon, die Buchhandlung Shakespeare & Company und die halboffenen Pissoirs, die Henry Miller gefeiert hatte. Einige Straßen im Marais erinnerten eher an das galizische Stetl als an die Hauptstadt Frankreichs, die Kellner wurden noch »garçon« gerufen, und in der Rue Quincampoix standen geschminkte *putains* zwischen Pennern, die auf dem Trottoir ihren Rausch ausschliefen. Es war eine nach heutigen Begriffen ziemlich dreckige Stadt, und im Sommer roch sie auch so. Aber wer am Abend über eine der Seinebrücken von der *rive droite* zur südlichen *rive gauche* schlenderte und sah, wie sich über den Grautönen und Sandfarben von Paris ein Himmel von tiefdunkel leuchtendem Blau wölbte, wusste bestimmt, dass er nie im Leben eine schönere Stadt sehen würde.

Susan Sontag kam zu Besuch ins American Center, das

damals noch in der schmalen Rue du Dragon hauste, und erzählte von ihren Jahren in Paris, fünfzehn Jahre früher. Glaubte man ihr, war damals alles noch einen Tick wilder, dreckiger und intellektueller: eben existentieller gewesen. Sartre war das große Tier der Stunde, Camus lebte noch, und im Quartier Latin gaben neben den Intellektuellen die Künstler den Ton an, Juliette Gréco, Jacques Brel, Yves Klein. Die jungen Amerikaner hatten sich hinter der Hand die Tipps weitergereicht, wo das sauberste Klo in Paris zu finden war, nämlich im Café de Flore, während das Centre Américain nur *the second best loo in Paris* besaß. Die sanitäre Lage des Quartier Latin in den siebziger Jahren ließ mich kalt, aber ich fand, dass sich die intellektuelle Struktur des Viertels verändert hatte: Jetzt waren es die neuen Intellektuellen, die den Ton angaben, die Strukturalisten und die Semiotiker. Paris hatte sich der Droge Theorie ergeben. Im Zentrum des Quartier Latin stand neuerdings die Buchhandlung La Hune, direkt gegenüber dem Café de Flore, das kampflos an die Touristen gefallen war.

Wir hatten Grüße an Edgar Morin zu bestellen und warteten auf dem Flur vor seinem Büro, als die Tür aufging. Ein Mann trat heraus, der definitiv nicht Morin war, den kannten wir nicht, während uns dieser bekannt vorkam. Wir hatten sein Bild gesehen, im Trenchcoat und mit Zigarette, und es ging uns wie den Besuchern von Princeton um 1950, denen Albert Einstein auf der Straße begegnete: Sie hatten den Weltgeist in Blitz und Donner erwartet, jetzt stand da dieser kleine alte Mann, ungekämmt und ohne Socken, und das sollte nun er sein. Vor uns stand ein Mann in einem grünen Anzug, wie ihn bei uns daheim die Förster trugen, und die Zigarre, die er rauchte, verstärkte noch den Eindruck von Biederkeit und Bonhomie. Das sollte jetzt der geniale Roland Barthes sein, einer der Apostel des Struturalismus und der subtilste Literaturdeuter und -kritiker seit Gott weiß wann; wir fassten es nicht. Das Erstaunen wiederholte sich einige Jahre später, als ich seine Vorlesungen am Collège de France hörte und mir auffiel, wie sehr R.B. es liebte, sein Publikum durch den warmen, vollen Klang seiner Stimme zu verzaubern. Noch mehr aber liebte der Melancholiker es, sein Publikum zum Lachen zu bringen, und zwar in allen Farben und Schattierungen des Lachens, vom leisen Lächeln bis zum ansteckenden lauten Gelächter. Barthes besaß eine unter Intellektuellen seltene Gabe, er hatte Humor.

Seine Vorlesungen waren mondäne Ereignisse, zu denen sich elegant gekleidete und gut frisierte Damen eines gewissen Alters in großer Zahl versammelten. Während die geistig genügsameren Angehörigen ihrer Klasse ihre Liebhaber empfingen oder in den Bars von Paris die Stunde zwischen dem letzten Tee und dem ersten Martini totschlugen, hatte sich die rosige und gepuderte Zuhörerschaft des Collège längst die besten Plätze gesichert und wartete mit gezücktem Block ungeduldig auf das Eintreffen des Zauberers. Foucaults Auditorium sah anders aus; in ihm dominierte der asketische Typ des angehenden Intellektuellen, unrasiert und schlecht gelüftet. Foucault las anders, strenger als Barthes, der es liebte, mit seinem Auditorium zu scherzen. Foucaults Veranstaltungen waren der Form nach *old school*. Es gibt Fotos, die ihn bei der Vorlesung zeigen, über einige Notizzettel auf dem Pult gebeugt, im engen Lichtkreis einer Lampe, an seiner Seite ein Glas und eine Karaffe Wasser. Das Dutzend Kassettenrecorder, das vor ihm aufgebaut war, um jedes seiner Worte festzuhalten, ignorierte er vollständig.

Wir lebten mit schmalen Budgets, wünschten aber vollendet zu speisen und kannten bald die Handvoll Restaurants, die das möglich machten. Das berühmteste und bemerkenswerteste unter ihnen war Chartier in der Rue du Faubourg-Montmartre. Bemerkenswert, weil es das billigste von allen war, eine große Halle im Stil der Belle Époque, berühmt, weil auf dem Pflaster vor der Tür Jean Jaurès gestorben war, erschossen am Vorabend des Ersten Weltkriegs. Bei Chartier konnte man, wenn man es richtig anstellte und auf den Wein verzichtete, für weniger als acht Francs drei Gänge erhalten, eine Suppe, ein Hauptgericht und einen kleinen Nachtisch. Gleich um die Ecke wohnte ein Freund von uns, Anthony Macedo aus Texas, der uns anschließend den Kaffee servierte. Anthony war Philosoph, studierte tagsüber Wittgenstein und schrieb nachts kleine dreckige Romane, die er in New York verkaufte, um sein Studium zu finanzieren. Er war der Sohn mexikanischer Einwanderer, die wie die meisten Eltern fanden, ihr Sohn solle es einmal besser haben als sie selbst, und die ihm deshalb den besten amerikanischen Vornamen gegeben hatten, den sie sich vorstellen konnten. Da sie gern ins Kino gingen und Western sahen, hatten sie ihn nach ihrem Lieblingshelden benannt, Anthony Wayne Macedo.

Wer als deutscher Student Anfang der siebziger Jahre auf die Idee kam, die Texte von Barthes, Deleuze und Foucault zu lesen, stand vor ziemlich leeren Regalen. Viele der Haupttexte und die meisten wichtigen Aufsätze der Strukturalisten lagen noch nicht auf Deutsch vor; die wenigen Übersetzungen waren von unterschiedlicher Qualität. Mit Hilfe eines tintenblauen Toussaint-Langenscheidt aus dem Antiquariat und den wackligen Resten eines ungeliebten Schulfranzösisch machte ich mich auf den Sprachweg nach Westen. Für den eigenen Gebrauch und für die Diskussion in Seminaren oder Arbeitsgruppen übersetzte ich, mehr schlecht als recht, die Texte aus alten Heften von *Critique* oder aus obskuren *Cahiers*. Gelang es mir, eine Nummer von *Tel Quel* aufzutreiben, trug ich sie wie eine Trophäe mit mir herum, bis die Bindung nachgab und das Heft zerfiel. Wie Konterbande sickerte die französische Theorie in die deutschen Philosophie- und Literaturseminare ein.

Auch für den, der diese Zeit und die unbeholfenen Lesezirkel, die sich spontan bildeten, miterlebt hat, ist es im Rückblick nicht leicht, den eigentümlichen Reiz zu benennen, der von den Texten der französischen Theoretiker ausging. Oft blieben sie, man muss es gestehen, auch dann noch unverständlich, wenn man sie unter Mühen ins Deutsche gebracht hatte. Sagte man aber, ihr Reiz habe gerade in der Unverständlichkeit gelegen, in ihrer barocken, überschießenden Metaphorik, ihren Neologismen und Pseudologismen, gäbe man nachträglich jenen erbitterten Kritikern des »französischen Denkens« Recht, die dies damals behaupteten und als Verwirrung der Geister bekämpften. Nicht nur den Neomarxisten, die um 1970 die Seminare und die Straße beherrschten, wurde der Vorwurf des Linksfaschismus gemacht. Auch die begeisterten Leser von Foucault und Derrida fanden sich in die Ecke des Irrationalismus gestellt und als politisch unzuverlässig qualifiziert. Ihre Kritiker, meist aus der älteren Generation, betrieben Kritik als Abwehrzauber und sahen das Gespenst des Faschismus hinter jedem fremden Wort.

Wir waren aber keine verführte Jugend. Wir waren nicht die Wiedergänger der verhexten Kinder, die den Rattenfängern der dreißiger Jahre nachgelaufen waren. Soeben erst waren wir aus der Kohorte der Neomarxisten ausgeschwenkt und von der Straße des linken Konformismus abgebogen, eben erst hatten wir Stoffe und Stile entdeckt, die unserem Verlangen nach Neuem entsprachen. Die jungen Leser der Strukturalisten und ihrer literarischen Gewährsleute wie Artaud, Bataille, Blanchot und Klossowski konnten den Erlkönig nicht erkennen, den die Älteren zu sehen meinten, wenn sie ihnen Irrationalismus vorhielten. Sie konnten nicht verstehen, wie ein intelligenter Mann wie Jean Améry auf die Idee kommen konnte, man müsse die Freiheit gegen Foucault verteidigen. Eine »nachgerade terroristische Offensive gegen die klassische Vernunft« meinte Améry bei jenem zu erkennen. Uns dagegen hatte die Lektüre der Strukturalisten Wege zum freien Denken gewiesen, denen sich unsere neomarxistischen Kommilitonen mit Fleiß versperrten. Was konnte uns Jean Améry sagen? Jede Generation hat ein Recht auf ihre eigenen Fehler. Unsere Fehler waren nicht die unserer Väter.

Gewiss gab es auch eine philosophische und differenzierte Kritik am Strukturalismus, eine Art *fair trade* mit den Franzosen. Manfred Frank in Tübingen praktizierte sie, jedenfalls an guten Tagen, an schlechten schoss er aus vollen Rohren. Auf dem Höhepunkt des Geisterabwehrzaubers der deutschen Philosophen gegen die Franzosen schrieb er einen Artikel in der Frankfurter Rundschau, in dem er Deleuze, Guattari *e tutti quanti* in die Nähe von Klages, Spengler, Moeller van den Bruck und der Konservativen Revolution rückte. Keine Frage, worauf das alles zulief. Derrida schickte ihm eine Kopie des Artikels zurück, auf deren Rand er mit Filzstift geschrieben hatte: »Mit Dir ein Stelldichein – Nein!« Nach Derridas Tod im Jahr 2004 versuchte Frank die einstige Kontroverse zu entschärfen, indem er schrieb, er habe Derrida damals »in aller moralischen Unbefangenheit« davor gewarnt, »die Mittel seiner anti-logozentrischen Destruktion des abendländischen Denkens gar zu einseitig von den Verächtern der Vernunft der zwanziger und dreißiger Jahre sich reichen zu lassen«.

Wie weit haben sich die französischen Theoretiker um ihre deutsche Rezeption gekümmert? Haben sie ihre Übersetzungen kontrolliert und ihre Rezensionen gelesen? Sich über die Giftpfeile gewundert, die von jenseits des Rheins auf sie abgeschossen wurden? Fragen, denen man nachgehen könnte. Didier Eribon vermutet, dass sich Foucault nie wirklich für Habermas interessiert hat. Bei einem einigermaßen katastrophal verlaufenen Abendessen im März 1983 in Paris wurde es unübersehbar. Irgendwann zwischen Suppe und Salat, *éclair* und *éclat* zog Foucault ein gefährliches Lächeln auf und fragte sein Gegenüber, ob er ihn für einen Anarchisten halte. Obwohl er sich gerade in sein letztes Projekt, eine Studie über den Liberalismus, gestürzt hatte, hätte er eine positive Antwort vermutlich als Kompliment genommen.

Die geläufige Kritik der frühen Jahre verlief nach einem einfachen Schema. Zunächst demonstrierte man anhand einiger isolierter, ebenso flamboyanter wie erratischer Zitate aus Lacan, Foucault oder Derrida den Nonsens solcher Sätze, dann diagnostizierte man die generelle Unverständlichkeit ihrer Texte. Noch heute spüre ich die Befreiung, die ich empfand, als Wolfgang Hildesheimer mit gespielter Naivität Lothar Baier fragte: warum er eigentlich über Artaud schreibe, wenn ihm am Ende nichts Besseres einfiele, als sich auf seinen gesunden Menschenverstand zu berufen? Wozu es solcher »Bekundungen verstockter Irritation vor dem Unerfahrenen« bedürfe und warum er sich lieber dessen Unerfahrbarkeit rühme, als sich um Einsicht zu bemühen?

Ich genoss die Provokation, die von der strukturalistischen Marx-Lektüre und der foucaultschen Subversion der Aufklärung ausging. Wen hätten die Kriegstänze eines

Gralshüters der Kritischen Theorie wie Alfred Schmidt nicht begeistert? Keine Stunde verging im Frankfurter Seminar, in der nicht der massige Mann die Pfeile seines Zorns über Rhein und Main nach Westen schleuderte. Ungeschichtliches Denken lautete ein häufiger Befund, Geschichtsverlust im Spätkapitalismus die kritische Diagnose. Beides konnte nicht oft genug wiederholt werden. Immer ging es um den Begriff der Geschichte, weniger um den der Struktur.

So sehr das Ritual mich begeisterte, so wenig verstand ich den Vorwurf selbst: Hatte ich nicht soeben durch Foucault einen neuen, furiosen Stil historischer Arbeit, der Lektüre vergessener Autoren und übersehener Quellen kennengelernt? Diejenigen, denen ihre deutschen Kritiker ahistorisches Denken vorwarfen, waren es, die der Historie neue Lichter aufsteckten und Entdeckungen in einem Raum machten, in dem niemand das geistige Abenteuer vermutet hatte: dem Raum des Archivs. Außerdem hatte der Strukturalismus, wie Roland Barthes schon früh bemerkt hatte, der Welt nicht die Geschichte entzogen. Er hatte sie nur nicht mehr an Inhalte gebunden, sondern bevorzugt an Formen, »nicht nur an das Ideologische, sondern auch an das Ästhetische.«

Auch Bücher haben ihre Schicksale, sagt man und denkt an Mäuse, Diebe und Zensoren. Bücher, die die Grenze passieren, erleben ein weiteres Schicksal, das der Übersetzung. Manche der großen Strukturalisten hatten schwere Übersetzungs- oder richtiger Übersetzerschicksale. Foucault zum Beispiel, dessen »Ordnung der Dinge«, die deutsche Übersetzung von *Les mots et les choses*, von schweren, den Sinn entstellenden Fehlern strotzt, ohne dass der Verlag bis heute, vier Jahrzehnte später, eine Revision unternommen hätte. Oder Barthes, der praktisch mit jedem Buch in die Hände eines neuen Übersetzers fiel und zunehmend dissonant mit sich selber wurde. Wer bei Suhrkamp erschien, durfte immerhin auf eine anständige Übersetzung hoffen; wer bei einem Berliner Kleinverlag landete, musste alle Hoffnung fahren lassen. Die Übersetzerhonorare ratifizierten die Selbstausbeutung von Dilettanten.

Für den Strukturalismus waren es die wilden Jahre seiner Rezeption. Noch hatte im deutschen Sprachraum praktisch niemand ein Gespür entwickelt für die neue Art der wissenschaftlichen Prosa. Man hatte Sartre im Ohr, Camus, den Existenzialismus, man wusste, wie Merleau-Ponty zu klingen hatte. Selbst der Nouveau Roman hatte seine literarische Stimme diesseits des Rheins gefunden. Für die Texte des Strukturalismus, für diesen neuen Sound in der theoretischen Literatur, schien die Stunde noch nicht gekommen. Oder war gerade dies seine beste Zeit, als alles noch offen, alles noch denkbar und schreibbar, als jede Note noch spielbar schien?

Eines Morgens in den siebziger Jahren erwachte ich in einem Pariser Appartement in der Nähe der Place de la République. Es war meine erste Nacht als neuer Untermieter gewesen. Der Besitzer der Wohnung war einer der Übersetzer von Roland Barthes. Er vertrat die Theorie von der unbedingten Sekundarität der Übersetzung, welche in jedem Augenblick spürbar zu bleiben hatte. Deshalb durchschoss er seine Übersetzung mit einer Fülle von Parenthesen, in denen er die sonst unrettbaren Anspielungen und Konnotationen des französischen Originals sorgsam konservierte – als hätte Barthes nicht selber schon genügend Male und Minen in seine Texte gelegt. Es war das Ende der Lust am Text. Dem strenggläubigen Übersetzer war es ganz recht: Seine Übersetzung sollte ungeschminkt sein.

Die Nacht war unruhig verlaufen, sehr unruhig. Über Stunden hinweg hatten sich der Übersetzer und seine französische Frau einen erbitterten Streit geliefert. Ich hatte mir die Decke über den Kopf gezogen, aber das Geschrei der beiden war stärker gewesen. Gegen Morgen schlich ich entnervt durch den halbdunklen Korridor ins Bad und erstarrte: Auf allen Spiegeln der Wohnung stand mit blutrotem Lippenstift immer derselbe Kriegsruf geschrieben: *Divorce!* Manchmal auch zu dem Satz erweitert: *Je veux divorcer!* Spiegel und Schminke, die ältesten Mittel der Verführung, waren zu Trägern eines Schreis nach Freiheit geworden. Sahen sie wirklich so aus, *les misères de la vie conjugale*? Ich hatte sie mir grau in grau gedacht, jetzt sah ich sie in *rouge* geschrieben. Meine Lektüren, von Balzac bis Barthes, hatten mich nicht vorbereitet auf das große Spiel der Signifikanten.

Gilles Deleuze schien zeitweise mehr Glück mit seinen Übersetzern zu haben. Der »Anti-Ödipus«, 1974 von Bernd Schwibs ins Deutsche gebracht, wirkte auch in der

Übersetzung noch elektrisierend. Fünf oder sechs Mal unternahm ich den Versuch, schreibend in den Text einzudringen, meist waren es kurze, nur für mich selbst geschriebene Stücke. Mir war, als könnte ich diesen Text nur schreibend und im Schreiben mir selbst erzählend lesen. Die wirkliche Überraschung aber wartete noch auf mich. Sie lag noch auf der Lauer.

Wenige Monate nachdem ich in einigen weißen Nächten den Archipel des »Anti-Ödipus« zum ersten Mal durchquert hatte, ließ ich mich auf ein anderes Abenteuer ein. Ich las mich durch praktisch alles hindurch, was ich von Martin Heidegger, der damals noch lebte, gedruckt finden konnte. Irgendwann fiel es mir wie Schuppen von den Augen. Unterhalb der oberflächlichen Unterschiede von Syntax und Vokabular – was konnte unterschiedlicher sein als die Sprachgesten Heideggers und Deleuze'? – begann ich auf einmal Muster zu sehen, Denkformen und tiefere Strukturen, die mir verwandt erschienen. Meine Erregung war grenzenlos. Wieder versuchte ich schreibend, meine Beobachtungen zu fixieren und den Gemeinsamkeiten von Seinsdenken und schizoider Strömungslehre auf die Spur zu kommen. Einmal wagte ich mich sogar mit einem Papier in die Löwengrube des philosophischen Seminars. Später erinnerte ich mich nur noch an den Titel des Papiers, es hieß »Die Maschinen von Todtnauberg«; wie ich die Diskussion überlebt hatte, wusste ich nicht mehr.

Naturgemäß reichten meine begrifflichen und theoretischen Kompetenzen nicht hin, um die Dinge, die ich mehr geahnt als gesehen hatte, philosophiehistorisch dingfest zu machen. Aber was meinte ich denn wahrgenommen zu haben? Aus der Tiefe des französischen Denkens kamen mir Motive entgegen, die ich aus der eigentümlichen Bewegung der heideggerschen Philosophie zu kennen glaubte, der Verzicht auf Dialektik, der Ansatz »unterhalb« der Bewusstseinsphilosophie, der Ausgang von diskursiven oder libidinösen Strömen statt vom Subjekt, das die im deutschen Seminar geläufige »kritische« Philosophie immer voraussetzte. Umgekehrt erkannte ich, wie dunkel auch immer, in den französischen Texten, die ich damals verschlang, das Wasserzeichen des heideggerschen Denkens. Mir schien, als sei das, was in Deutschland nach 1945 auf eine sektiererische Spielart akademischen Philosophierens reduziert worden war, in Frankreich zum fruchtbaren Nährboden einer Vielfalt von Ideen sowohl der Philosophie als auch der Humanwissenschaften geworden. Wie der Trick funktioniert hatte und wie die Rezeption gelaufen war, konnte ich nicht sagen. Ich sah nur das Resultat: Frankreich dachte deutsch. Zumindest in derjenigen Zone theoretischen Denkens, auf die jetzt alles ankam.

Aus Tagen und Wochen wurden Jahre in Pariser Bibliotheken. Immer noch erfüllte es mich mit andächtigem Staunen, wenn ich sah, wie viele französische Philosophen und Historiker von jenem Typus, den man heute als *public intellectual* bezeichnet, Tag für Tag auf ihren angestammten Platz in der *Réserve* der Bibliothèque Nationale zurückkehrten. Ein einziges Mal nur erblickte ich an dieser Stelle, im *Hémicycle* hinter der Buchausgabe, einen deutschen *homme de lettres* von einiger Bekanntheit. Es war Niklas Luhmann, der die literarischen Quellen für sein Buch »Liebe als Passion« studierte.

Anders als ihre deutschen Kollegen, so schien es mir, hatten die französischen Intellektuellen und Gelehrten den Kontakt zur Forschung nicht verloren. Aus eigener Anschauung wusste ich, dass dieselben Männer (Frauen waren noch rar auf der Szene), sollte es nötig sein, mit dem Megafon auf die Straße gingen und bürgerrechtliche Demonstrationen anführten. Meine Lektüre der französischen Zeitungen belehrte mich darüber, dass dieselbe intellektuelle Klasse aber auch einer Einladung in den Élysée Folge leisten würde, schiene es dem Staatspräsidenten angezeigt, ihren Rat einzuholen. Bibliothek, Seminar und Straße bildeten in Paris, so schien es mir, keine insulären Orte im gesellschaftlichen Kosmos, sondern schlossen sich zu einem kontinuierlichen öffentlichen Raum zusammen. Noch nie war mir das klassische Athen so nah gewesen.

Wenn ich mich frage, was meine Schlüsselszene oder mein Urerlebnis unter französischen Intellektuellen gewesen war, fällt mir wieder die Szene im Collège de France ein. Es war an einem Wintertag Mitte der Siebziger. Gemeinsam mit meinem langjährigen Freund und Kommilitonen Lothar, mittlerweile eine Art Studienbruder oder *alter ego*, derselbe, mit dem ich später bei Hugo gastieren sollte, hatte ich mich auf den Weg nach Westen gemacht.

Um ein Reisestipendium des DAAD zu erhalten, brauchten wir die Bescheinigung eines französischen Betreuers. Was lag näher, als einen der bewunderten Autoren um ein paar Zeilen zu bitten?

Unseren ersten Versuch unternahmen wir bei Gilles Deleuze. Wir fanden die nach dem Mai '68 gegründete Universität im Bois de Vincennes und schlichen uns in sein Seminar ein. Das war nicht schwer, denn die ganze Universität sah aus wie Wallensteins Lager und pflegte ähnlich raue oder vielmehr revolutionäre Sitten. Deleuze erschien, ein gebrochener, sterbensmatter Mann, und besprach, wie uns schien, mit letzter Kraft Entwürfe und Fragmente, die in *Mille plateaux* eingehen sollten. Das Seminar endete, eine Dame von Welt, Typ Venus im Pelz, spazierte herein, und ohne dass wir die geringste Chance gehabt hätten, den Meister um eine Signatur zu bitten, entschwebte er an ihrem Arm, urplötzlich um Jahrzehnte verjüngt.

Gescheitert, aber tief beeindruckt machten wir uns auf zum Seminar von Foucault am Collège de France. Wir hatten Glück, Foucault, der immer nur kurze Zeit las, acht oder neun Wochen zwischen Januar und März, hatte an diesem Spätnachmittag den englischen Antipsychiater David Cooper zu Gast. Das Seminar ging zu Ende, und um zu verhindern, dass Foucault uns genauso entwischte wie Deleuze kurz zuvor, nahm ich, nach kurzem Blickwechsel mit meinem Freund, allen Mut zusammen und sprach den *professeur* an. Da ich gehört hatte, dass Foucault von seiner Hamburger Zeit her Deutsch konnte, wagte ich ein »Bonjour Monsieur, sprechen Sie Deutsch?« Foucault schaute überrascht auf und antwortete ohne Zögern auf Deutsch: »Ja, aber nur sehr geradebrecht.«

Ich war verblüfft. Mit sicherem Gespür hatte Foucault ein Wort gewählt, das zwei seiner großen Themen, Sprache und Folter, zusammenband, und durch eine sonderbare Flexion das Gemeinte mimetisch nachgebildet: Er hatte die Sprache aufs Rad geflochten. Während Foucault eines der berühmten Haifischlächeln über seine Züge fliegen ließ, fing ich mich wieder und trug ihm unser Anliegen vor. »Venez avec moi«, sagte Foucault und ging vor uns her in den ersten Stock des Collège, wo sein Büro lag. Wir durchquerten hohe Korridore, die dasselbe zahnsteinfarbene Gelb trugen wie die Wände der Pariser Cafés, in denen damals noch stark geraucht wurde. Endlich erreichten wir das Büro, Foucault glitt hinter seinen Schreibtisch und lud uns mit einer Handbewegung ein, auf dem Ledersofa davor Platz zu nehmen.

Noch im Seminarraum hatte mein Freund, um seine Nervosität zu überspielen, damit angefangen, eine Orange zu schälen. Statt sie auf dem Weg zu Foucaults Büro hinunterzuschlingen, saß er jetzt da und hielt die geschälte Orange in der Hand, die allmählich ihre Segmente erkennen ließ und langsam, sehr langsam zu zerfallen begann. Foucaults Blicke ruhten wie gebannt auf der Frucht – und auf den langen Wimpern des schönen Jungen, der die Orange, ohne es selbst zu bemerken, wie eine kostbare Gabe, Mitbringsel aus einem Märchenland, auf der flachen Hand balancierte. Die zwei jungen Männer auf dem Ledersofa, so will es meine Erinnerung sehen, müssen wie Figuren aus einem Gemälde von Hans von Marées ausgesehen haben. Vielleicht ließen wir den Philosophen auch an einen Text von Francis Ponge denken, der neben Raymond Roussel und Claude Simon zu den Autoren gehörte, welche die Strukturalisten ihrerseits bewunderten. Eine lange Minute verging, bevor Foucault den Blick auf den Schreibtisch senkte, nach Stift und Papier fingerte und in seiner trockenen, unverbundenen Handschrift, die wie ein Analogon seiner auf Ligaturen und Übergänge verzichtenden Geschichte wirkte, die Zeilen der gewünschten *attestation* aufs Papier warf, zweimal, für jeden von uns einmal. Es war, wie wir bald erfahren sollten, das kostbarste Papier, das wir jemals besaßen, es öffnete in Paris alle Türen, auch die am strengsten bewachten. Foucault stand damals im Zenit seines Ruhms.

Einige Jahre später, ich war gerade mit der Zubereitung des Abendessens beschäftigt, trat eine Besucherin zu mir in die Küche und verwickelte mich in ein Gespräch über den Strukturalismus. Um der sympathischen, aber ahnungslosen Person zu erklären, was der Strukturalismus sei, nahm ich die vor mir liegende Zwiebel zur Hand. Schauen Sie sich ihre Architektur an, sagte ich. Der Strukturalist nutzt den Bauplan der Zwiebel. Er lässt sich von ihr helfen, sie zu zerlegen. So kann er gegenüber dem nichtstrukturalistischen Koch schneller sein: Der andere braucht einen Schnitt mehr. Dass schon Jahre vor den Strukturalisten Heidegger in ähnlichem Sinn von »Destruktion« gesprochen hatte, war mir damals noch nicht geläufig. Stattdessen stand mir die Szene in Foucaults Büro vor Augen. Tatsächlich hatte der Strukturalismus uns beides gelehrt: das Denken in Formen und die Kunst des Schneidens. Äußerlich und scharf war das Denken der Strukturalisten gewesen, ästhetisch und analytisch hatten sie die Dinge der Welt angeschaut und zerlegt, auch die Geschichte und die politischen Verhältnisse. Und waren dabei immer einen Schnitt schneller gewesen als andere Köche.

Mitte der siebziger Jahre hatte der Import französischer Theorie nach Deutschland merklich Fahrt aufgenommen. Mehrere Verlage und Buchreihen profitierten von dem Geschäft; Herausgeber wie Wolf Lepenies und Henning Ritter brachten Texte, die die Kenntnis des Strukturalismus vertieften, indem sie Vorläufer präsentierten und Hintergründe ausleuchteten; passionierte Übersetzer wie Hanns Grössel, Eva Moldenhauer, Helmut Scheffel, Walter Seitter und Bernd Schwibs besorgten zuverlässige Textgrundlagen für die Seminare. Aus einem Rinnsal war ein Strom geworden.

Roland Barthes war schon sehr früh, seit Mitte der fünfziger Jahre, auf Deutsch erschienen, zuerst in *Texte und Zeichen*, dann in den *Akzenten*. Der Quantensprung ereignete sich aber erst 1965. In diesem Jahr brachten zwei wichtige Zeitschriften, das *Kursbuch* von Hans Magnus Enzensberger und die *alternative* von Hildegard Brenner gleichzeitig Texte von ihm. Der Suhrkamp Verlag, in dem das *Kursbuch* erschien, war in den ersten Jahren der Rezeption der einzige und blieb auch später der wichtigste deutsche Verlag für die Autoren des Strukturalismus und Poststrukturalismus. Einzig Jacques Derrida wanderte in den achtziger Jahren zu kleineren Verlagen ab. Der Grund war ein heftiger Streit um die Veröffentlichung seiner *Carte postale* bei Suhrkamp gewesen (sie erschien dann bei Brinkmann & Bose). Erst nach zehn Jahren kehrte Derrida mit seinen »Politiken der Freundschaft« zu seinem alten Verlag zurück. Aber sein Weg blieb die Ausnahme. Die Erben der Frankfurter Schule und der Kritischen Theorie mussten zusehen, wie Suhrkamp, den sie als ihren Hausverlag betrachteten, zunehmend vom französischen Denken unterwandert wurde.

Auch mir erschien die Situation paradox. Für eine erstaunlich lange Zeit – *grosso modo* die sechziger und siebziger Jahre – war das, was George Steiner die *Suhrkamp culture* genannt hatte, weitgehend identisch mit dem Bewusstseinsraum der alten Bundesrepublik gewesen. Der Strukturalismus oder das »Denken des Außen«, wie ein Aufsatztitel von Foucault lautete, erschien demgegenüber eine Zeitlang als ein Weg, auf dem man sich jener sanften Hegemonie von Neomarxismus, Kritischer Theorie, Subjektphilosophie und Dialektik, die vom Frankfurter Westend her ausgeübt wurde, entziehen konnte. Westlich des Rheins, so hatte ich erfahren, konnte man deutschen Denkern begegnen, welche die kritische Kultur hierzulande nur mit Argwohn bedachte, Autoren wie Nietzsche oder Heidegger. Aber irgendwann waren all diese Flucht-

impulse wie hilflose Mäuse von der Katze Suhrkamp ein-
gefangen worden. Ich kannte jetzt sogar das französische
Wort für dieses Phänomen; es hieß *récupération*.

Kannte die *Suhrkamp culture* so etwas wie eine domi-
nante, eine zentrale Fragestellung? Dann zielte sie zwei-
fellos auf die Moderne: wie diese entstanden war und wie
weit sie säkularisiert war, wie sie dem Kapitalismus an-
heimgefallen war, wie sie sich in Baudelaire reflektiert
hatte. Nach den Wurzeln der Moderne im Mittelalter oder
gar in der Antike zu fragen, gehörte nicht zum Kanon
einer literarischen Kultur, deren Leitwissenschaft die Soziologie war. Historisch gesehen erschien die Suhrkamp-
Kultur wie eine Person ohne Unterleib: Nur ihr modernes
Oberteil war übriggeblieben. Obwohl ich mich als Historiker betrachtete, war ich doch mit Adorno groß geworden, mit Barthes und Deleuze aus der Schule gelaufen,
und so brauchte ich Jahre, bis mich diese sonderbare Ver-
kürzung der Geschichte zu stören begann. Erst nachdem
ich Ernst Robert Curtius gelesen und Aby Warburg entdeckt hatte, begann mein wirklicher und dauerhafter
Auszug aus dem Kosmos der Suhrkamp-Kultur. Damit
endeten aber auch für längere Zeit meine regelmäßigen
Ausflüge nach Paris und es begannen die nach London.
Der Strukturalismus als Denkweise sollte mir nie mehr
abhandenkommen; tatsächlich ließ er sich zwanglos mit
der Ikonografie verbinden. Aber mit Warburg kamen
neue Welten in Sicht, die ich weder in Frankfurt noch in
Paris kennengelernt hatte, die Antike und das Eigenleben
der Bilder.

Bis dahin sollten freilich noch etliche Jahre vergehen. Zunächst hieß es, nach Hause zurückzukehren; mein Studium wollte abgeschlossen werden. Aus Paris in die deutsche Provinz zurückgeworfen, flüchtete ich mich in die Rolle eines Dandys des Dorfes. Auf einem der Flohmärkte von Paris hatte ich einen der klassischen französischen Herrenschlafanzüge erworben, die eine helle Baumwollfläche mit einer schmalen, farbigen Borte, meist war sie rot, grün oder blau, säumten. Mein Schlafanzug war weiß, hatte eine schwarze Borte und sah aus wie der klassische Totenbrief, den man zuweilen mit leichtem Erschrecken morgens aus dem Briefkasten zog. Ich trug ihn mit einer schmalen, schwarzen Krawatte, was den ernsten und feierlichen Charakter meines Aufzugs noch erhöhte. So ging ich auf die Straße, ins Seminar und in die Mensa. In Umkehrung des Titels einer handkeschen Erzählung, die damals erschien, sah ich aus wie der lange Brief zum kurzen Abschied. Tatsächlich sollte es nicht lange dauern, bis ich mich wieder auf den Weg nach Westen machte. Paris war in den Siebzigern die Hauptstadt des Begehrens.

Bibliothek als Biotop

Früher gab es Mäuse in der Métro. Man sah sie nur, wenn man mit starrem Blick den Schotter zwischen den Gleisen fixierte. Dann erblickte man gelegentlich eine flinke Bewegung, ein flüchtiges Huschen in Grau. Nur ihre Bewegung verriet die Tierchen, die sich völlig der Farbe von Gleisen, Steinen und Staub angepasst hatten. Wer als junger Mann mehr oder weniger vom Land, denn nichts anderes waren die kleinen Universitätsstädte Deutschlands damals, nach Paris gekommen war, dem war die Haltung des erstarrten Beobachters nicht fremd. Oft genug geschah es, dass ich die ganze Stadt als immensen Teilchenbeschleuniger wahrnahm, in dem Partikel und Passanten, Zeichen, Texte, Tiere in immer schnellere Fahrt gerieten, während ich selbst mich als regloses Masseteilchen empfand, das schwer war und immer schwerer wurde. Caliban, dachte ich dann, du bist Caliban in der Welt des Geistes, der Bauer in der Stadt. Aber irgendwann hielt plötzlich die Métro vor mir und riss mich aus der Erstarrung, oder ein Bekannter aus der Bibliothek zupfte mich am Ärmel.

Die Bibliothek war der Ort, an dem ich mich am liebsten aufhielt, mein persönliches Biotop. Eine Zeitlang meinte ich, sie sei in einem geradezu kantischen Sinne die Bedingung meiner existentiellen Möglichkeit. Aber ich hatte nur die deutschen Bibliotheken kennengelernt, moderne Lesefabriken die einen, barocke Schneckengehäuse und biedermeierliche Refugien die anderen. In Paris taten sich unerhörte Welten auf, tiefer Beglückung und Verstörung fähig. Wer nie an einem sonnigen Spätnachmittag die Apsis der alten Bibliothèque Nationale in Gold erglühen sah, wusste nicht, wie süß das Leben sein konnte. Und wer nicht wochenlang in diesem Museum der menschlichen Narreteien, Ticks und Marotten gearbeitet hatte, ahnte nicht, welcher Verbindungen Wahnsinn und Methode fähig waren.

Natürlich arbeitete ich nicht nur in der Bibliothèque Nationale. Anfangs zog es mich stärker in die Bibliothek der Sorbonne, vielleicht der Studentinnen, vielleicht auch der Historienmalerei und dem Zierrat der Decken wegen – möglicherweise aber auch, weil allem zusammen ein so zauberisches Gift entströmte, dass an andere als Traumarbeit nicht zu denken war. Dann entdeckte ich die Bibliothèque Sainte-Geneviève neben dem Panthéon, erbaut von Henri Labrouste, dem Architekten der Bibliothèque Nationale. Dort, auf dem rechten Ufer der Seine, zwischen dem Louvre und der Oper, hatte Labrouste einen Dom mit zierlich sich herabsenkenden Baldachinen errichtet, neun hellen Kuppeln über schlanken Säulen. Hier, in der Nachbarschaft der Grandes Écoles, auf dem Hügel der hei-

ligen Genoveva, baute er eine lichte, zweischiffige Bücher-
kathedrale, ein Meisterwerk frühen Eisenbaus. Ich wurde
zum Verehrer von Labrouste. Und für eine Weile zum
Dauergast der Sainte-Geneviève.

Bis es mir dort zu laut wurde. Zwar war die Zeit der
Laptops und Notebooks noch nicht angebrochen, deren Frühzeit von heftigem Klappern und Pfeifen begleitet
war. Heute beherrschen die elektronischen Reisealtär-
chen das Bild der ehrwürdigsten Bibliotheken und vertie-
fen mit ihrem blauen und grünen Leuchten die Dämmerung über den Folianten. Damals arbeitete man noch mit
konventionellem Jagdgerät in Gestalt von Exzerptheften
und Karteikästen. Nicht sie waren schuld am unerträg-
lich hohen Geräuschpegel mancher Pariser Bibliotheken.
Vom Zwang des beständigen Paukens für tausend Prü-
fungen und Examina getrieben, empfanden die meist ju-
gendlichen Leser die Bibliotheken als Räume zeitweiliger
Entlastung und Marktplätze der Information. In Italien,
einem für die Redseligkeit seiner Bevölkerung bekannten Land, lernte ich in den Bibliotheken den tiefsten, den
heiligen Frieden kennen. Über englischen und amerikanischen Bibliotheken lag der ernste Geist des Protes-
tantismus. In Paris herrschte das geschäftige Leben eines
Basars.

Natürlich galt das nicht für alle Bibliotheken der Stadt.
Einige unter ihnen wussten sich gegen den Lärm des Tages zu schützen und ihre Aura selbstvergessener Studien
zu bewahren. Irgendwann bemerkte ich, dass es in der
Bibliothek der École Normale in der Rue d'Ulm anders

zuging, konzentrierter, verschwiegener. Außerdem hatte ich dort Zugang zu den Magazinen, direkten Zugriff auf den Stoff meiner Sucht. Ich zog um. Das war nicht leicht, denn der Preis für den Eintritt in die exklusive Welt der Forschungsbibliotheken waren höhere Legitimationsbeträge: Man musste bestimmter auftreten und die besseren Empfehlungsschreiben vorweisen. Hatte man einmal den Zerberus niedergerungen und sich in den Besitz eines Dauerausweises gebracht, so war man in den Kreis der Seligen aufgenommen und wurde fortan mit ausgesuchter Liebenswürdigkeit behandelt – selbst in jenen Bibliotheken, in denen man vor Ehrfurcht fast erstarrte, wie in der berühmten Mazarine, der Bibliothek des Institut de France.

Die Zeiten waren lange vorbei, in denen sich der König von Frankreich rühmen konnte, jedes Buch zu besitzen, das auf der Welt gedruckt erschien. Immer noch aber gehörte Paris zu den zwei oder drei Städten mit den reichsten Büchersammlungen der Welt. Nicht nur dank seiner Schätze an bibliophilen Kostbarkeiten, Handschriften und Inkunabeln, sondern auch dank seiner Spezialsammlungen wie der Bibliothèque Fourney im Hôtel de Sens, einem Profanbau der Renaissance unweit der Seine. Hier fand ich alles, was ich irgendwann, von Roland Barthes inspiriert, über Mode, Werbung und Design wissen wollte.

Auch in der Bibliothèque Fourney hatte man Zugang zu den Bücherregalen, konnte stöbern und sich immer weiter verlieren, im Vertrauen auf das Gesetz der guten

Nachbarschaft, demzufolge das richtige Buch immer das Buch daneben ist. Aby Warburg, der Gelehrte und Büchersammler, hatte dieses Gesetz formuliert und zum Prinzip seiner eigenen Bibliothek gemacht. In Paris lagen die Dinge einfacher, die Ordnungen, denen die Aufstellung der Bücher in den großen Schul- und Forschungsbibliotheken gehorchten, waren weniger *sophisticated*. Doch wann immer ich die großen Freihandmagazine betrat, in denen Tausende Bücher nebeneinanderstanden und nur darauf warteten, den ablenkungsbereiten Leser zu empfangen und zu verführen, schien es mir wieder, als beträte ich einen Ort der verbotenen Lüste, ein Separee oder eine Spielhölle.

Aber auch Paris hatte seinen Sonntag, dessen Schrecken freilich nicht mit denen des englischen zu vergleichen waren. Was tun am Sonntag, wenn alle Bibliotheken geschlossen waren? Es blieb nur noch die Informationsbibliothek des Centre Pompidou, die jedermann offen stand. Jedermann, das hieß: auch den Clochards. Nachdem sie sich ausgiebiger Körperpflege in den Toiletten des Centre unterzogen hatten, hängten sie ihre frisch gewaschenen Socken an der Heizung hinter den Kinderbüchern und den Comics auf und vertieften sich andachtsvoll ins Studium von Tintin und Asterix. Ich hielt mich an meinen Klassikern und Strukturalisten fest und warf ihnen ab und an ungläubige Blicke zu.

Reumütig kehrte ich am Ende in die Bibliothèque Nationale zurück. Über Jahre hinweg sollte sie mein Pariser Stammquartier bleiben. Emmanuel Le Roy Ladurie, der Historiker des von der Inquisition durchleuchteten Dorfes Montaillou, war zu ihrem Direktor geworden, ein Prospero für zwei Amtszeiten. Gelegentlich schwebte er durch den Lesesaal, ein charmanter Mandarin, ein leutseliger Bürgerkönig. Ein Jahresausweis gab mir Bürgerrecht in seinem Reich. Naturgemäß schloss es auch dessen innersten Bezirk ein.

Wie eine Krypta lag der Katalogsaal unter dem Boden des Lesesaals. Man erreichte ihn über eine Treppe, die sich auf halbem Wege gabelte. Auf dem einen Zinken der Gabel passierte man den Allwissenden, einen säuerlich wirkenden Mann unbestimmbaren Alters. Alle Bibliotheken der Welt kennen diesen Typ und besitzen mindestens ein Exemplar davon. Der Katalog bestand aus insgesamt fünf Katalogen, die einander überlappten und über komplizierte Anschlussstellen aus der Ära der handschriftlichen Bandkataloge in die der digitalen Verzeichnisse führten. Wie beim Wellenreiten bestand die Kunst darin, an der passenden Stelle und im richtigen Augenblick von dem einen Katalog in den anderen zu springen oder zu gleiten. Nach einigen Monaten war aus Caliban ein Virtuose des kryptischen Surfens geworden.

Abends fuhr ich mit der Métro zurück zu meiner Wohnung im fünften Arrondissement, nahe der Moschee und dem Jardin des Plantes. Im Briefkasten fand ich die kleinen Kärtchen aus weißem und rosa Karton, auf denen afrikanische Seher für ihre Leistungen warben, Monsieur le Professeur Kasso etwa, der zum Orden der Marabouts gehörte und als Spezialist für alle verzweifelten und hoffnungslosen Gedanken firmierte. Oder Monsieur Martady, der afrikanische Magie für alle Fälle bot: gegen die Feinde. Für Geld. Arbeit. Liebe zwischen Mann und Frau. Absolute Gattentreue. Endlich Professeur Diakhaby Basekou, der die Lösung aller familiären Probleme durch Rückkehr der Zuneigung versprach. Ich sammelte diese Kärtchen und benutzte ihre Rückseiten als bibliografische Notizzettel. In meinen Jackentaschen vermischten sie sich mit den Ein- und Ausgangskarten der Bibliothèque Nationale, die mir dieselben guten Dienste leisteten. Schwarze und weiße Magie fanden sich endlich vereint, versöhnt in meiner Tasche. Man muss sich Caliban, dachte ich, als ein glückliches Monster vorstellen.

Wenn ich über mein Leben nachdachte, schien es mir, als müsste es, rein logisch gesehen, eine Zeit gegeben haben, in der ich nicht in der Bibliothek gelebt hatte. Aber so sehr ich auch grübelte, ich konnte mich nicht an sie erinnern. Wenn ich versuchte, mir eine Zeit vor den Büchern vorzustellen, erschien sie mir nicht wie ein goldenes, sondern wie ein bleiernes Zeitalter. Schon immer hatte ich Bücher geliebt und in Bibliotheken gelebt; ich träumte nicht von Urwäldern und Eisbergen. *Il n'y a pas de horstexte*, las ich bei Derrida, es gebe kein Jenseits oder Außerhalb des Texts. Ich war geneigt, das auch auf die Träger des Texts, das Buch und seine Sammlungen, auszudehnen. Für mich gab es kein Jenseits der Bibliothek, jedenfalls kein sinnvolles, sie war meine Umwelt, meine eigenste Natur.

Bibliotheken hatten an meinem Weg gelauert wie hungrige Bestien, die wussten, dass ihnen leichte Beute winkte. Kaum auf dem Gymnasium angekommen, hatte mich schon der Deutschlehrer in die Lehrerbibliothek verschleppt und in die Elemente der Katalogisierung eingeführt. Von meinen Mitschülern bedauert, sah ich selbst mich am Ziel geheimster Wünsche angekommen und genoss die Freuden der freiwilligen Knechtschaft. Statt während der Pausen auf dem Hof spielen zu müssen, was für mich bedeutet hätte, mich von den stärkeren und gewandteren Jungs, also praktisch allen Mitschülern, verhauen zu lassen, durfte ich in der Stille der Lehrerbibliothek blasse Karteikarten mit meinen großen, noch ungelenken Buchstaben bedecken, die Titel der Wälzer von Ranke ausbuchstabieren und mich ratlos durch die grünen Bände der Philosophen in der Edition Meiner blättern. Nur selten störte ein Lehrer die Stille der Bibliothek. Ich ließ meine Blicke über die Rücken der ungelesenen Bücher laufen und fragte mich, ob es ihnen wohl recht sei, wenn meine kleinen Finger sie aus ihrem Schlummer weckten und aufschlugen. Meinem kindlichen Animismus zum Trotz ahnte ich, dass es ihnen vollkommen gleichgültig wäre. Jahrzehnte später las ich irgendwo, dass der Text den Leser nicht brauche. Dies war die Lehre der Lehrerbibliothek gewesen.

Mein Studium fand, nachdem die anfänglichen kognitiven und erotischen Turbulenzen hinter mir lagen, im lichten Lesesaal der Universitätsbibliothek sein natürliches Zentrum und in den kleinen, unübersichtlichen

Seminarbibliotheken seine verschwiegenen Epizentren. Die Bibliothek offenbarte sich mir in neuen, ungeahnten Formen. Bisher hatte ich sie nur als *alter ego* wahrgenommen, als eine Art anderen Körper, mein natürliches Milieu. Der ideale Ort, um meinem Laster der Einsamkeit zu frönen. Anfangs widerstrebend, bald neugierig begann ich sie jetzt als Gesellschaftsform zu erleben, ein verzaubertes Dorf, ein fouriersches Phalansterium. Meine Begeisterung wuchs, als ich bemerkte, dass andere meine Leidenschaft teilten und mit ihr meine Daseinsform. Ich entdeckte Geschwister, Brüder im Bücherstaub, Schwestern in Halbleder. Uns alle verband eine gemeinsame Form der Existenz.

In ihrem Zentrum stand die Schaulust. Tag für Tag aufs neue übten alle, die angeblich zum Lesen gekommen waren, die Formen der unbemerkten Observation und des Ausspähens erträumter erotischer Beute. Auch Lieblingsfeinde waren ein prominenter Gegenstand verdeckter Beobachtung. Wie jemand zu jemandes anderen Lieblingsfeind geworden war, spielte keine Rolle, irgendwann saß der Hasspfeil, wippte ein paar Mal nach und bohrte sich langsam tiefer ein. Nach einiger Zeit gehörten die besten in der Bibliothek verbrachten Zeiten der Erwartung von Lieblingsfeinden und erotischen Zielobjekten. Die Bibliothek entpuppte sich als soziologisches Labor, eine Versuchsanlage. In ihr ließen sich die Autoren überprüfen und nachvollziehen, die, wie Georg Simmel oder Gabriel Tarde, der wechselseitigen Betrachtung und Beobachtung eine Rolle in der Herausbildung gesellschaftlicher Gruppen beigemessen hatten. Im Biotop der Bibliothek ließ sich studieren, wie in einem stillen, inneren Prozess aus Sympathie Verlangen und aus Antipathie Feindschaft wurde. Unerhörte Hasspflanzen wuchsen in die Höhe, zwischen denen ebenso erstaunliche Girlanden des Begehrens schwebten.

Neugierig unterzog ich mich allen Exerzitien der Bibliothek, den offenbaren wie den latenten Curricula. Ich lernte die Kunst des Suchens und Findens, ich schulte mich selbst darin, mit dem Allwissenden zu verhandeln. Ich übte die Kunst des unbemerkten Bibliotheksschlafs und arbeitete erfolgreich an der Modellierung der eigenen, wache Versunkenheit simulierenden Schlafplastik. Ich begriff, dass auch die *réguliers* der Bibliothek Distinktionsgewinne einstreichen wollten, vielleicht sogar mussten. Dies waren schwierigere Übungen.

Anders als im Seminar, einem klassischen Schauplatz rhetorischer Turniere, ließ sich in der Bibliothek das erworbene Wissen nur visuell und virtuell zur Darstellung bringen. Die Ostentation musste sich dementsprechend auf den Apparat des *harvesting*, den mitgebrachten und umständlich in Betrieb gesetzten Aufschreibapparat, beschränken. Dieser bestand aus einer Art zentraler Festungsanlage mit vorgelagerten Ravinen und einem gehörigen Glacis. Der in den siebziger Jahren gängige Typ von Burganlage war ein voluminöser Karteikasten, aus Holz bestehend, wahlweise auch aus schwarz-grünem Karton oder schon aus buntem Plastik, gelb, orange, braun, resedagrün. Die Ravinen bestanden aus diversen Schreibmäppchen und -utensilien, das Glacis aus Stapeln von Karten, Blättern, Zetteln und Kopien.

In den späten achtziger Jahren wurden die ersten Zettelburgen geschleift und durch massive und geräuschvoll arbeitende PCs ersetzt, die als tragbar galten, obgleich sie nach Gewicht und Umfang ihre hölzernen Vorgänger weit übertrafen. Unaufhaltsam begann sich damals die Ikonografie der Gelehrsamkeit zu verändern. Auch das Aufschreibsystem der Karteikarten samt dem zugehörigen Speichersystem des Zettelkastens war schon aus der Welt der Bürokratie des 20. Jahrhunderts übernommen worden. Aber durch seine materielle Affinität zum Papier, seine Verknüpfung mit Stift und Handschrift, *stilus* und *ductus*, war es rein äußerlich noch mit der klassischen Humanistenwelt von Erasmus bis Blumenberg verbunden geblieben. Sein präkybernetisches Funktionieren war dem Zettelkasten nicht anzusehen gewesen. Mehr oder weniger hatten die Arbeitsplätze in den Bibliotheken immer noch so ausgesehen, als hätte Holbein d. J. sie gemalt. Wie eine unsichtbare Aura wölbte sich hinter den Scholaren des späten Papierzeitalters das Halbdunkel der Gelehrtenstube.

Mit dem Einzug der Laptops und Notebooks begann die Ikonografie der Humanistenwelt mit derjenigen der Techniker, der Tastaturen und Kontrollbildschirme zu verschmelzen. Unsichtbar für die meisten schloss sich ein historischer Kreis. Der Siegeszug der Mathematik, ausgegangen von den frühmodernen Bibliotheken der Humanisten, eroberte die Bibliotheken zu einer Zeit, die sich gern als Postmoderne beschrieb. Auch diejenigen, die in der Schule nie hatten rechnen wollen oder können, schrieben irgendwann auf einem Computer und nahmen heiteren Sinnes in Kauf, dass die Mathematik zur Grundlage ihres Schreibens wurde. Der Rechner bestimmte das neue Bild geistiger Arbeit und vertrieb die Schatten der alten Schwermutshöhle. Dürer schien diesen paradoxen Kreislauf geahnt zu haben, als er die absolute Ikone moderner Intellektualität, die *Melencholia I*, ins Zeichen eines magischen Zahlenquadrats stellte.

Wer in den Siebzigern studierte, machte nicht nur die Bibliothek zu seinem Lebensraum, sondern auch seinen Lebensraum zur Bibliothek. Alle meine Bekannten und Freunde sammelten Bücher und bauten ihre individuellen Bibliotheken auf, in denen immer dieselben Titel standen. In Ausnahmefällen hatte das praktische Gründe. Meist ging es um Prestigegewinn und Selbstdarstellung, nicht zuletzt gegenüber begehrten Frauen, denen wir mit Geist imponierten. Geist trat bevorzugt in Buchform auf, Geist ließ sich kaufen, notfalls klauen, und wenn man keine Regale hatte, ließ er sich stapeln. In einer Nacht meines ersten Semesters fiel die gesamte Frankfurter Schule über mich her. Ich hatte das Regalbrett über meinem Bett unsachgemäß befestigt; Sammeln war wichtiger als Dübeln. Alle Wohnungen, die ich kannte, sahen aus wie alle anderen Wohnungen: überall derselbe Reisstrohteppich auf den Dielen. Die Bücherregale der Prä-Billy-Ära, die Setzkästen, das Hochbett in der Ecke. Und dann und wann ein weißer Flokati. »Ich bin genauso eingerichtet wie du«, sagte ein befreundeter Kommilitone, der mir beim Umzug half: »zwei Drittel Bücher, ein Drittel Sperrmüll.«

Alle Wohnungen besaßen diese zweite, innere Hülle aus Büchern. Wem es zuerst gelang, die intellektuelle Eihaut zu schließen, indem er alle Wände restlos mit Büchern überzog, hatte gewonnen. Es war ein verbissener Wettlauf. Wo vorübergehend noch Lücken klafften, schloss man sie mit Postern und den pünktlichen Neuzugängen aus dem Sperrmüll. Der Vorabend der monatlichen Sperrmüllabholung, die damals noch nicht individuell erfolgte, sondern ganze Stadtviertel erfasste, verwandelte die Stadt in ein wildes, herrenloses Einrichtungsmagazin. Allerdings hatte das Sortiment des *interior design*, das die abendlichen Straßenränder boten, seine historischen Grenzen. Die Witwen, die jetzt starben und deren Buffets, Kommoden, Kaffeekannen und Sammeltassen herzlose Erben auf die Straße stellten, waren die letzten Wilhelminerinnen. Was sie hinterließen, war nicht das sachliche Mobiliar der Moderne oder der Neoklassizismus des Faschismus, sondern die Möbel der Gründerzeit, gedrechselter Renaissancismus, gebeiztes Altdeutsch. Ohne es zu wissen, wohnten die Studenten, die sich von der Straße her möblierten, in den Interieurs des Historismus, die Walter Benjamin beschrieben hatte: In diesen Salons konnte die Tante nur ermordet werden.

In einer Pariser Ausstellung sah ich einmal ein Plakat, das sich Anfang der fünfziger Jahre an die französischen

Truppen im Indochinakrieg gewandt hatte. Es war der Länge nach zweigeteilt und zeigte den Kopf eines Soldaten im Dschungel. Auf der linken Seite, überschrieben mit *mal*, sah man die helle Gesichtshaut und den glänzenden Helm, die sich deutlich vom Blattwerk des Regenwaldes abhoben. Auf der rechten Seite, *bien* betitelt, waren die geschwärzte Gesichtshälfte und der mit Blättern getarnte Helm vom Dschungel kaum zu unterscheiden. Darunter stand als Lehre die Aufforderung: *Confonds-toi avec le milieu!* Das sollte man wohl mit »Verschwinde in der Umwelt« übersetzen, aber man konnte den Satz auch hart und buchstäblich lesen: »Verwechsle dich mit der Umwelt.« Jahrzehnte vor der digitalen Umwelt, in der wir mittlerweile wohnen, lebten wir als Soldaten in einer Art Blätterdschungel. Wir waren die letzten Troglodyten der Bücherhöhlen, beständig in Gefahr, uns mit unserer Umwelt aus gedrucktem Geist zu verwechseln.

Die französische Soziologie, als deren Hauptvertreter wir Pierre Bourdieu lasen, lehrte uns die Gesellschaften in ihren unterschiedlichen Schichten als ein mobiles System von Differenzierungsgesten begreifen. Ein wenig wie jener Baum, den Henri Michaux beschreibt, auf dem sich erst ein Vogel niederlässt, nach einer Weile ein zweiter, irgendwann ein dritter, und so fort, bis der ganze Baum voller Vögel sitzt, die unablässig damit beschäftigt sind, *la bonne distance*, den richtigen Abstand zum Nebenvogel, einzunehmen und zu halten, was nicht ohne pausenlose Korrekturen geht. So sahen wir auch die Gesellschaft: ein Baum voller Vögel, die ständig mit der Erzeugung, Korrektur und Verteidigung von Distanzen und Differenzen beschäftigt waren. *La différence* war nicht nur der zentrale Fetischbegriff der französischen Soziologen und Poststrukturalisten, sie war auch die Hauptsorge unseres Alltags. Wir regelten ihn über eine Folge von Distanzgesten, wir lebten, um anders zu sein, wir lebten für die *bonne distance*. Hinter unserem Rücken bestätigten wir Gabriel Tarde, den von den Durkheimianern, zu denen auch Bourdieu noch gehörte, verdrängten Theoretiker der Imitation. Im Bemühen, uns voneinander zu unterscheiden, wurden wir einander immer ähnlicher. Es war ein gänzlich triviales Schicksal, das uns ereilte, tausend früheren Aufbrüchen war es nicht besser ergangen: Wir verschwanden in der Umwelt, die wir selbst geschaffen hatten.

Die Gründungen

In den späten siebziger Jahren gründeten wir *Tumult.
Zeitschrift für Verkehrswissenschaft*. Die Redaktion bestand aus einer Gruppe von Leuten, die wenig mehr verband als publizistische Abenteuerlust. Einen gemeinsamen Fluchtpunkt gab es allerdings, es war der Überdruss an allem, was die Siebziger zum pädagogischen Jahrzehnt des Jahrhunderts gemacht hatte. Charles Péguy hat die Erfahrung seiner Altersgenossen, der Generation der Affäre Dreyfus, in einen Satz gefasst: Es begann als Mystik, es endete als Politik. Ähnlich hätte man auch die Erfahrung der Achtundsechziger und der Generation, die ihnen folgte, resümieren können: Es begann als Politik, es endete als Pädagogik. Irgendwann wollte jeder jeden erziehen, irgendwann wollte jeder *vermitteln*.

Tumult wollte weder das eine noch das andere. Das Blatt wollte nicht wissenschaftlich sein wie der *Leviathan*, nicht geistespolitisch wie der *Merkur* oder aufgekratzt wie der zur gleichen Zeit gegründete *Freibeuter*, mit dem Klaus Wagenbach beweisen wollte, dass Linkssein und Lustigsein sich reimten. *Tumult* verstand sich zwar als unbedingt politisch, aber nicht in diesem konventionellen, berechenbaren Sinn. Die Zeitschrift wollte anarchisch und ästhetisch sein, vielleicht auch polemisch, vor allem aber wollte sie *intensiv* sein. Intelligenz verstand sich von selbst, aber was war mit dem Witz? Mancher hätte sich das Blatt gern leichter, ironischer, ein bisschen angelsächsischer gewünscht. Aber das war nicht zu haben, nicht zu dieser Zeit und nicht von dieser Gruppe. Die Redakteure waren alle sehr ernsthafte und pathetische Menschen.

Alle waren einzig, alle waren enorm. Einer hatte bei der Subversiven Aktion mitgemacht und mit Dieter Kunzelmann konspiriert, ein anderer am anarchistischen Rand der Frankfurter Szene gewirkt. Wieder einer entwickelte einen physikalischen Begriff von Politik, der vierte war Apotheker in der Eifel und fing mit vierzig das Boxen an. Es war wie bei den Bremer Stadtmusikanten: Etwas Besseres als den Tod wirst du überall finden. Der Tod hatte viele Gesichter. Eines hieß Pädagogik, eines Relevanz, ein drittes Kompetenz, und hinter ihnen schwankten die faltigen Masken der alten, repräsentativen Politik: Parteien, Interessen, Gruppen, Ideologien. Mit all dem wollte *Tumult* nichts zu tun haben. Junge Zeitschriften sind Distanzgesten.

Im Rückblick meint man auch hier die Gespenster der Jugendbewegung zu erkennen, aber sie geisterten in allen Aufbrüchen des vergangenen Jahrhunderts herum. Gut möglich, dass auch gelegentlich ein spätes romantisches Lüftchen durch die Diskussionen der Redaktion wehte. Wie in allen Gruppen dieses Typs entsprach der

Neigung zum Wunschdenken eine Bereitschaft zur Konspirationstheorie. Eine Philosophin aus München versorgte die angehende Redaktion mit den jeweils aktuellen Räuberpistolen: von dem Sand an Baaders Schuhen, von denen, die schon draußen gewesen waren in der Wüste, wo man sie dann liquidiert hatte, und hundert orientalische Schnurren dieser Art.

Lauter Individualisten, wie gesagt, keiner glich dem anderen. Hanns Zischler legte Wert darauf, als »ambulanter Redakteur« zu firmieren und war der einzige, der außer mir über journalistische Erfahrungen verfügte. Von Zeit zu Zeit machte er einen witzigen Vorschlag, der auf der Stelle verworfen wurde. Zum Beispiel regte er an, ein Heft über Sexualität zu machen, was für sich genommen nicht so extrem komisch war, aber der Titel, den er vorschlug, war gut: »Futsch«. Wir dachten damals, mit dem Interesse an der Sexualität würde es bald vorbei sein. Da meine Neigung zur Ambulanz weniger ausgeprägt war als die seine, wurde ich zum geschäftsführenden Redakteur der neuen Zeitschrift bestimmt. Es war mein erster ziviler Titel.

Meinen ersten Verlag hatte ich im Alter von sieben Jahren gegründet. Zur Produktpalette gehörten neben handgemachten Comicbänden hauptsächlich Zeitungen, deren Redaktion, genauer gesagt Chef-, Bild-, Nachrichten-, Sport- und Wirtschaftsredaktion, Feuilleton nicht zu vergessen, aus mir bestand; zusätzlich übernahm ich die Aufgaben von Herstellung, Satz, Druck und Vertrieb. Mit der Redaktion der Nachrichten tat ich mich nicht schwer, so etwas war schnell geschrieben, es handelte sich ja um die immer gleichen Krisen, Katastrophen und diplomatischen Intrigen; auch der Wetterbericht, die Wirtschaft und die Sportnachrichten waren rasch verfasst. Wirklich aufwendig war das Kreuzworträtsel auf der Seite »Vermischtes«, denn von seiner Qualität hing das Schicksal der Zeitung ab. Langweilte sich mein Großvater, der einzige Abonnent des Blattes, beim Lösen des Rätsels, konnte es um die Existenz meines Medienimperiums geschehen sein.

An der zweiten Gründung war ein Schulfreund beteiligt. Wir hatten die von der Pubertät diktierten Pensa hinter uns gebracht, lungerten herum und suchten neue Aufgaben. Nachdem der Redaktionsstab gegenüber meinem ersten Blatt um hundert Prozent erweitert war, konnten wir arbeitsteilig verfahren; er zeichnete, ich schrieb. Wir brachten es auf zwei oder drei Ausgaben. So ähnlich, *mutatis mutandis*, verhielt es sich auch später bei *Tumult*: Im Schnitt alle zwei Nummern musste sich die Zeitschrift einen neuen Verlag suchen. Die Gründe dafür waren vielfältig und nur in einem Punkt kongruent, das Blatt hatte Leser, aber keine Käufer. In der Rückschau erscheint selbst diese Aussage nicht als belastbar: Hatte *Tumult* wirklich Leser? Oder waren sie nur ein Gerücht? Vielleicht muss man anders formulieren: *Tumult* näherte sich dem Idealtypus der *absoluten Zeitschrift*, die keine Abonnenten und keine Leser, sondern nur Autoren hatte. *Tumult* wurde nur von denen gelesen, die sie schrieben. Und nicht einmal das darf als verbürgt gelten.

Den Namen der Zeitschrift brachte eines Tages Frank Böckelmann auf. Nicht alle waren begeistert. Genüsslich wie ein Fernsehkoch schmeckte Böckelmann den zwei U nach und entwickelte eine Korpuskeltheorie des Sozialen. Mangels einer starken Alternative setzte sich der Titel durch. Die Unzufriedenen trösteten sich mit der Spannung, die der bewusst seriös und altfränkisch klingende Untertitel *Zeitschrift für Verkehrswissenschaft* ins Spiel brachte. Als Verkehrswissenschaft, so behauptete ein Redakteur, hätte man um 1800 bezeichnet, was später Soziologie heißen sollte. Die Nähe zur »Polizeywissenschaft«, die dank Foucault damals wieder sehr en vogue war, klang bestechend.

Tumult hatte mehrere Gründungsstunden, an zwei kann ich mich erinnern. Die erste fand in der Ölmühle statt, einem beliebten Ausflugslokal vor den Toren von Marburg. Ein Gasthaus unter alten Bäumen, Vogelgezwitscher, ein glucksender Mühlbach, tiefes 19. Jahrhundert. Das Dorf, die Provinz, Wiege der deutschen Kultur. Die andere fand im Merve-Verlag in der Berliner Crellestraße statt, nahe dem Gleisdreieck, das freilich auch nicht an Großstadt denken ließ, sondern eher an die verwilderte »Zone« in Tarkowskis Film *Stalker*. Aber lassen wir's bei der Polarität von Dorf und Großstadt; sie entspricht einem klassischen Spannungsbogen der deutschen Kultur. *Tumult* wollte an beidem zugleich partizipieren, dem nervösen Flair der Großstadt und der radikalen Eigenart der Provinz.

Die besagte zweite Gründung fand Anfang Dezember 1977 in Berlin statt. Michel Foucault war aus Paris gekommen, um nach der Aufführung eines Films von René Allio über den Familienmörder Pierre Rivière, dem sein Buch von 1973 zugrunde lag, mit dem Publikum zu diskutieren. Am Rande wollte er sich über die Hintergründe des »heißen Herbstes« unterrichten lassen. Und schließlich hatte ihm Peter Gente, der kurz zuvor den ersten Sammelband mit politischen Texten Foucaults herausgebracht hatte (»Mikrophysik der Macht«), eine interessante Tour durch das geteilte Berlin versprochen. Ein Jahr zuvor, 1976, hatte Gente seinen ersten Brief nach Paris geschrieben, in dem er den Philosophen mit »lieber Genosse Foucault« anredete, worauf dieser, *comme il fallait*, mit »cher camarade« antwortete. Nun stand der liebe Genosse Foucault in Berlin und hatte seinen Lebensgefährten, Daniel Defert, mitgebracht, einen sanften Mann mit weichen Zügen, der entfernt an Paul McCartney erinnerte. Begleitet vom Verlegerpaar, Heidi Paris und Peter Gente, absolvierten die beiden tagsüber das Pflichtpensum des Polittouristen, um sich danach lustvoll in die Nacht der Berliner Clubs fallen zu lassen. Ich begleitete sie wie ein Schatten, die Kamera immer in der Hand. Es war eine Zeit, in der ich viel fotografierte, aber mich wenig um den Verbleib meiner Fotos scherte; nicht einmal um die Negative kümmerte ich mich. Ich glaubte an den Tod des Autors, auch den des Bildautors.

Die kleine Serie von Fotos, die Foucault im Arsenal-Kino zeigen, wo er im Anschluss an die Projektion des Films diskutierte, gibt eine Vorstellung von der Lebhaftigkeit seines Sprechdenkens und von dem gestischen Repertoire, über das der feingliedrige, elegante Mann verfügte. Lauschte er anderen Diskutanten, deren Fragen oder Argumente sich in die Länge zogen, konnte er in Zustände tiefer Versunkenheit und sichtbarer Morosität verfallen. Begann er dann selbst zu sprechen, lief eine leichte Erschütterung durch seinen Körper, und nun setzte, parallel zu der sich aufschraubenden scharfen Rhetorik, eine Folge gestischer Explosionen ein, die sich im Raum der linken Hand entluden, während die Rechte das Mikrofon wie ein Rasiermesser balancierte. Foucault beim Reden zuzusehen, denn das Zuhören geriet gegenüber dem Zuschauen leicht ins Hintertreffen, war ein Spektakel, in dem man eine jahrhundertealte Schultradition zum Leben erwachen meinte. Foucault benutzte seine Hände wie ein Bündel von Zauberstäben, die die Magie seiner Rede verstärkten und seine Zuhörer umso sicherer hypnotisierten. Hielt er dann, auf dem Höhepunkt der Rede angekommen, plötzlich inne und ließ ein beunruhigendes Lächeln über seine Züge gleiten oder brach in ein jähes *fou rire* aus, so war sein Publikum verloren, versenkt mit Mann und Maus. Es war schwer genug, sich dem Charme des Mannes zu entziehen, gänzlich unmöglich aber, wenn er sprach.

Foucault war eine lebende Ikone, ein wanderndes Bild seiner selbst. Die konsequente Reduktion, die er herbeigeführt hatte, die Glatze, die schmale Goldbrille, die Flanellanzüge, dazu der ewige helle Rollkragen – diese wenigen, prägenden Attribute machten ihn unverkennbar wie Marilyn Monroe oder Andy Warhol. Auch dank dieser ikonischen Qualität war er attraktiv für ein Unternehmen wie *Tumult*, das sich eben erst vom Krankenlager der Texte, Traktate und Theorien, der Bleiwüsten und Propagandaschriften der Linken erhoben hatte, um sich, noch benommen, zur neuen Bildwelt der Popkunst vorzutasten. Mit Foucault wurde das Reden über Bilder – in seinem Fall waren es die *Meninas* von Velazquez und die Malerei von Manet – zum legitimen Teil des Diskurses. Auch der Autor selbst, angeblich verstorben, kehrte wieder als Bild. Die zweite Gründungsstunde von *Tumult* sah Michel Foucault, umgeben von Bewunderern, in der Fabriketage des Merve-Verlags, wie er, einen Filzstift in der Hand, die Skizze einer aktuellen Zeitschrift aufs Papier warf. Statt eine Liste von Themen und möglichen Autoren anzulegen, skizzierte Foucault ein Schema, eine Struktur, ein heterotopes Ensemble. Orte, Felder, Spannungen: eine Kriegskarte sozialer Kräfte und politischer Ideen. Tatsächlich dachte er in Bildern und komplexen Strukturen; man erinnere sich des »Trieders des Wissens« in der »Ordnung der Dinge«.

Nicht alle, die der ersten Redaktion von *Tumult* angehörten, waren derart auf Bilder versessen wie ich. Für viele spielten sie nur die herkömmliche Rolle am Rande, als Illustrationen. Die große Ausnahme war Walter Seitter. Auch er, der österreichische Katholik, war hochgradig empfänglich für und reizbar durch Bilder. Zutiefst verstört kam er einmal aus einer Ausstellung, in der er 19 Marienbilder in einem einzigen Raum nebeneinanderstehend angetroffen hatte: War denn Maria nicht einzig? Für ihn wie für mich waren die Bilder so wichtig wie der Text, den wir ebenfalls liebten und fürchteten. Sie waren wichtig und schön, aber sie waren auch grundverschieden, in einem ontologischen Sinn anders als der Text. Wer sie als Illustrationen benutzte, vergriff sich an ihnen und gab sich als Analphabet der visuellen Codes zu erkennen.

Solche Pannen unterliefen nicht wenigen großen Kulturhistorikern jener Zeit, Philippe Ariès war nur ein Fall unter vielen. Seitens der Strukturalisten und Poststrukturalisten war Roland Barthes praktisch der Einzige gewesen, der sich schon früh und eingehend auf die Bilder und ihre Codes eingelassen und auch die Bildwelten der Werbung, des Konsums und des alltäglichen Designs – die Spaghetti von Panzani, die *Déesse* von Citroen – nicht verschmäht hatte. Die übrigen mussten sich irgendwann von dem amerikanischen Kulturhistoriker Martin Jay den Vorwurf gefallen lassen, sie hätten mit geschlossenen Augen geschrieben – auch Foucault, den der Vorwurf sicherlich nicht zu Recht traf.

Gänzlich unberechtigt war Jays Kritik nicht. Wer gegen Ende der Siebziger nach Paris kam, den Kopf voller Bilder, und theoretischen Beistand suchte, war gut beraten, sich anderswo umzutun als am Collège de France, an der École Normale oder im Bois de Vincennes. Mitten im alten Stadtteil Marais, damals noch ein ziemlich dreckiges Viertel, war ein neues, leuchtendes Gestirn aufgestiegen, um das diejenigen, die in Bildern und Tönen dachten, kreisten wie Motten ums Licht. Die Rede ist vom Centre

Beaubourg oder Centre Pompidou, das kurz zuvor aufgemacht hatte und schon die unglaublichsten Ausstellungen und Publikationen brachte, in denen – jedenfalls für deutsche Augen – die Geister des Werkbunds und des Bauhauses wieder lebendig wurden. Mitten im Centre residierte, von der Chefredakteurin Huguette Le Bot angetrieben, die Redaktion der Zeitschrift *traverses*. Für jeden, der herauszufinden suchte, wie sich über die Bilder und Objekte der technischen Moderne reden ließe, ohne den Götzen der Kulturkritik zu opfern, war dieses Blatt ein Muss.

Das lag weniger an der energischen Stabführung der Chefin als an der Gruppe von Herausgebern, Autoren und Stichwortgebern, die sie um sich versammelt hatte, unter ihnen Louis Marin, Marc Le Bot, Paul Virilio, Jean Baudrillard und Michel de Certeau. Erst heute, das Fest ist lange vorbei, wird mir klar, dass es eine bei aller intellektuellen Progressivität sehr katholische Gruppe war, die sich damals, lange vor der Erfindung der sogenannten Bildwissenschaft, gefunden hatte, um die neue Bildwelt, die sich eben zu öffnen begann, zu verstehen. Heute wundere ich mich nicht mehr darüber. Paul Virilio zum Beispiel, der Philosoph der Geschwindigkeit und Apokalyptiker, trat als bekennender Katholik auf. Michel de Certeau, der Historiker der mystischen Rede und Theoretiker des Alltagslebens, war, wie jedermann wusste, Jesuit.

Offiziell lebte de Certeau im Centre Sèvres, der jesuitischen Kolonie mitten in Paris, nahe der Maison des Sciences de l'Homme und dem Institut Catholique. Es war jedoch ein offenes Geheimnis, dass der liebenswürdige Mann, der wie Sartre schielte, im übrigen aber ein jugendlich-sportlicher Typ war, mit einer Geliebten irgendwo privat in Paris lebte. Von seinem frühen Sterbelager aus rief er Huguette Le Bot an, trug ihr Grüße an alle Freunde auf – sag ihnen *à bientôt* – und ließ sie zu seiner Trauerfeier in die Kapelle des Centre einladen. Tout Paris, zumindest der intellektuelle Teil, war erschienen, Deleuze, Baudrillard und all die anderen, und hockte, oft zum ersten Mal seit Jahrzehnten, in einer Messe. Anders als die meisten großen Intellektuellen war de Certeau mit niemandem verfeindet gewesen. Die Totenmesse ging zu Ende, der Priester sagte, es bleibe noch ein letzter Wunsch des verstorbenen *frère Michel* zu erfüllen, trat zum Altar, schlug ein Tuch zurück, das einen Plattenspieler verhüllte, und setzte die Platte in Gang. Den Rest der Trauerfeier bestritt Édith Piaf: *Non, rien de rien, non, je ne regrette rien.* Durch die Kapelle des Centre Sèvres lief ein Zittern wie von unterdrücktem Gelächter.

Mag sein, dass der unterschwellig wirksame Katholizismus von *traverses* mir damals, ohne dass ich es geahnt hätte, einen entscheidenden Fingerzeig gab. In religiösen Dingen war ich, wie Max Weber zu sagen pflegte, ziemlich unmusikalisch. Aber so wie mir zuvor das strukturale Denken geholfen hatte, mich den Ideologien der Linken zu entziehen, so half mir jetzt die unverhohlene Ikonophilie, wie sie sich in *traverses* und in den Ausstellungen des Centre Beaubourg äußerte, auch wenn sie sich vielfach noch als Technik- oder Designkritik gab, die Herrschaft des Texts und der Philologie abzustreifen. Noch sehr verschwommen dämmerte mir, dass die Techniken der Textkritik, in denen sich auch mein Stamm, die Historiker, seit langem übte, wobei die elementare Form der Quellenkritik im Vordergrund stand, dass also diese geläufigen Techniken von einer Kritik der Bilder und der Objekte begleitet werden müssten.

Ob man von den Neomarxisten oder von den Strukturalisten her kam: Die Siebziger begannen als ein Jahrzehnt des Texts, sie endeten als eines des Bildes. Dieser ziemlich grundlegende Wandel hatte viele Paten. Dazu gehörten arrivierte Künstler wie Andy Warhol und seine Zeitschrift *Interview*, die irgendwann auch nach Deutschland kam, junge, von der Popwelt angefixte Theoretiker wie Klaus Theweleit oder ein begnadeter Ausstellungsmacher wie Harald Szeemann. Innerhalb weniger Jahre veränderten seine großen Ausstellungen, die »Junggesellenmaschinen« von 1975, denen drei Jahre später »Monte Verità« folgte, vollkommen die Wahrnehmung dessen, was Ausstellungen zu leisten vermochten und welche ungeahnten Erkenntnischancen in diesem Medium steckten. Begonnen hatte alles 1963, als Szeemann an der Kunsthalle Bern zum ersten Mal seit der NS-Zeit wieder die Sammlung Prinzhorn zur Bildnerei der Geisteskranken ausstellte – zur selben Zeit, als Michel Foucaults große Studie *Folie et déraison* in Frankreich erschien.

Ebenfalls in den Siebzigern begann der Aufstieg der Kunstgeschichte – von »Bildwissenschaft« war damals noch nicht die Rede – zu einer herausragenden Fraktion innerhalb der Geisteswissenschaften, auch international gesehen. Ihr Schatten, als Sekundant wie als Konkurrent, waren die Medienwissenschaften. Ablesbar wurden solche hintergründigen Entwicklungen zuerst in Zeitschriften wie *traverses*, in denen aufs Neue die Reflexion auf die vermeintlich entzauberten Objekte einsetzte. Anders als in den Semiologien der sechziger Jahre wurden sie nicht länger als Zeichen verstanden, sondern als *Bilder*: komplexe ästhetische Gebilde in jahrhundertealten Traditionen und mit einem Eigenleben, das der Erforschung harrte. Zu Bildern wiederverzaubert konnten die Objekte von neuem als Probleme begriffen und bedacht werden. Eine Generation, die als Philologen und Semiologen begonnen und ihre ersten Semester in der Bleiwüste des Taschenbuchs verbracht hatte, musste noch einmal auf die Schulbank und die Wissenschaften studieren, die die Welt als Bild erfahrbar machten.

Anders als in linken Blättern wie dem *Freibeuter* durften in *Tumult* die Bilder ein gewisses Eigenleben führen. Man darf sich das nicht wie eine Revolution vorstellen, allenfalls als eine subjektiv empfundene. Für diejenigen, die meinten, der Kritik der Macht müsse eine Kritik der Macht *der Bilder* folgen, ging es in dieser geringen Differenz ums Ganze. Aber was konnte ein abseitiges, fast unter Ausschluss der Öffentlichkeit erscheinendes Blatt schon ausrichten? Was sollte in einer Zeitschrift in Großoktav, schwarzweiß auf raues Papier gedruckt und von Kleinstverlagen vertrieben, möglich sein? Überdies bestand die Mehrheit der Redaktion nach wie vor aus Leuten, die sich selbst und ihre Freunde *gedruckt* sehen wollten. Zunehmend machte sich der Einfluss von Autoren spürbar, die, wie der Berliner Soziologe Dietmar Kamper, die Welt mit dunklen Weisheitslehren beschenkten, die der Stillage nach als *French theory* galten. Ein epigonaler Ton begann sich auszubreiten. Ich leistete noch einige Zeit hinhaltenden Widerstand, dann gab ich mein Amt als Redakteur auf.

Foucault sah ich das letzte Mal im Spätherbst 1982, gut anderthalb Jahre vor seinem Tod. Es war in seiner Wohnung in der Rue de Vaugirard, er saß vor einer großen, hellen Bücherwand und sah noch blasser aus als die Masse der Gallimard-Bände hinter ihm. Er litt unter einer fiebrigen Erkältung und einem Dauerhusten, der auf keine Medikamente ansprach. Die wahre Ursache seiner Leiden war ihm, wie ich vermute, selber noch unbekannt; erst im Jahr darauf wurde Aids zum Thema, das die Welt bewegte. Dennoch entbrannte nach seinem Tod im Juni 1984 ein heftiger Streit in der französischen Presse, nachdem ein Redakteur von *Libération* es gewagt hatte, die Dinge schüchtern und ein wenig linkisch beim Namen zu nennen.

Eine Woche nach dem Tod von Foucault heiratete ein Berliner Freund von mir und bat mich darum, ein paar Worte an die Festgesellschaft zu richten. Es wurde eine seltsame Hochzeitsrede. Ich versuchte, zwei Themen miteinander zu verbinden, die offenkundig wenig miteinander zu tun hatten, das Glück des Paares und der Verlust von Foucault. So wenig sich das eine prognostizieren ließ, so wenig ließ der andere sich historisieren. Es wäre mir auch schwergefallen, den eigentümlichen Stil seiner Arbeit oder vielmehr seiner »Suche« zu beschreiben. Foucault hatte sich nicht darauf beschränkt, Elemente einer einmal entwickelten Theorie auf wechselnde politische und soziale Lagen zu applizieren. Er hatte keine »Lehre« gehabt, die sich anwenden ließ. Alle paar Jahre war er mit einer neuen historisch-theoretischen Analyse gekommen, mit der sich die vorhandenen moralisch-politischen Lehren angreifen und wie Käfer umdrehen ließen. Er liebte es zu überraschen, zuallererst sich selbst. Sah man sich allerdings die theoretischen Einsatzpunkte seiner letzten Jahre an – die Theorie der Biopolitik, die Analysen der Verwaltung und des Liberalismus, die Geschichte der Wahrheit –, erkannte man, wie planvoll Foucault bei aller Beweglichkeit operiert hatte: In der Jugend ein Sprengmeister, war er mit der Zeit zu einem Baumeister geworden. Aber wie sagt man das einer Hochzeitsgesellschaft? Es ging alles schief, erst meine Rede und vier Jahre später die Ehe.

Der Berliner Schlüssel

Ich weiß nicht, wann mich das Gerücht zuerst erreichte. Es sollte einen neuen, harten Stil in der englischen Musik geben. Drei Griffe auf der Gitarre und jede Menge Beat, ein Sound, frag nicht nach Sonnenschein. Furchtbar schlechte Musik, und irgendwie furchtbar gut. Es wurde höchste Zeit, dass etwas passierte. Aus den kleinen Radios, die ich immer mit mir herumschleppte, seit ich, ach egal, säuselten immer noch Chicago, *If you leave me now*, Led Zeppelin und die Bee Gees. Falsettstimmen, Geigensätze, öliger Schmalz. Aber was zum Teufel war jetzt Punk? War das Dada in der Musik? Keine Ahnung.

Ich saß in Neukölln und machte mir so meine Gedanken. Es war mein zweiter Versuch mit Berlin, der erste war gescheitert. Ein einsamer Winter, defekte Heizung, kaputtes Telefon, ich schrieb mein Testament und starrte aus dem Fenster. Stumpfen, nannte Max Weber das. Nachts um drei stand ich auf, weil ich nicht schlafen konnte, zog mich an und fuhr zum Bahnhof Zoo. Ging in den Fotoautomaten, machte vier Bilder von mir, versicherte mich auf diese Weise meiner sichtbaren Existenz und fuhr zurück. Der Freund, mit dem ich mir die düstere Wohnung teilte, hatte sich längst zu seiner Freundin verdrückt. Sie wohnte im Bendlerblock, in dem es damals eine Reihe von Privatwohnungen gab, lange Flure, helles Licht und Zimmer wie Säle. Irgendwo hier hatte sich das Finale des 20. Juli abgespielt. Jetzt wohnten hier Sozialpädagogen in WGs und lasen Peter Schneider.

Zweiter Versuch, Neukölln, ein Haus voll alter Witwen, ich war der einzige Mann, das Minderheitengeschlecht, wie man heute sagt. Während durch die Wand die Stimmen der beliebtesten Akteure des Vorabendprogramms drangen, versuchte ich wieder zu Atem zu kommen. Soeben hatte ich Frau Schwalbe zurück ins Nest befördert. Frau Schwalbe war meine Nachbarin. In eklatantem Kontrast zu ihrem leichten Namen war sie ein eher schwerer Fall, verbrachte ihre Tage im Liegen und fiel ab und zu aus dem Bett. Wenn das passierte, schrie sie durchdringend und hämmerte gegen die Möbel, bis ich mit Hilfe eines oberflächlich versteckten Schlüssels in ihre Wohnung eindrang und sie zurück ins Bett verfrachtete. Den ganzen Tag über lief der Fernseher, und da Frau Schwalbe schwerhörig war, hatte ich das volle Programm auf meiner Seite, nur ohne Bild. Ich lernte, Geräusche meiner Umwelt vollständig zu ignorieren, und las bevorzugt Texte von Autoren, die wie Nabokov und Stifter ausschließlich in der Welt des Sichtbaren lebten.

Dahlem im Herbst war unbegreiflich schön. Ich weiß nicht, woran es lag. Es gibt Städte, die einen atemlos machen durch ihre Schönheit und die Klarheit ihrer Luft, Hamburg gehört dazu und natürlich San Francisco. Berlin machte mich sprachlos durch seine Hässlichkeit und Provinzialität, verstärkt durch die Grobheit seiner Bewohner, die ihren Missmut mit Humor verwechseln. Vielleicht war das der Grund dafür, dass die wenigen heiteren Inseln in diesem grauen Meer aus dicker Luft und schlechter Laune, der Charlottenburger Schlossgarten oder der Campus von Dahlem, so besonders hervorstachen und in der Herbstsonne wie überirdisch leuchteten. Das Leuchten von Berlin war anders als das berühmtere von München. Im Lauf des Herbstes nahm es zu, die Lichtstrahlen wurden flacher, die Konturen schärfer, bis es Mitte November seinen Höhepunkt erreichte und zu einem messerscharfen Rasierlicht wurde, unter dem die Stadt den Atem anhielt. Der nächste Tag war grau und trübe, die Auslegeware wurde über den Himmel gezogen und blieb da bis Mitte März, egal wie viele Berliner sich in der Zwischenzeit aus Depression aufgehängt hatten.

Es war Herbst in Dahlem, und ich blieb einen Tag zu lang. Jeder, den ich kennenlernte, ging in die Vorlesung von Klaus Heinrich oder in das Seminar von Jacob Taubes, wer auf sich hielt, in beide. Heinrich, der als Student zu den Mitgründern der Freien Universität gehört hatte, lehrte offiziell Religionswissenschaften. Tatsächlich hielt er Vorlesungen über alles, was ihn interessierte. Das war nicht wenig. Er hatte beizeiten der Leitung der Universität erklärt, was das Curriculum war, nämlich er persönlich, Punkt. Von seinem natürlichen Gravitationszentrum, der

Psychoanalyse, ausgehend, durchstreifte er den gesamten Garten der Humanwissenschaften, der Kunst-, Literatur- und Religionsgeschichte. Dem negativen Romkomplex, den Freud in seinem Busen angstvoll genährt hatte, setzte er seinen positiven Romkomplex entgegen: Er kannte die Stadt wie kein Zweiter. Seine Vorlesung, ein lautes, keiner sichtbaren Notation bedürftiges Denken, absolvierte er nach griechischer Sitte streng peripatetisch: Er denkwandelte. Wie die Spitze eines sehr langsam ausschlagenden Pendels ambulierte er vor versammeltem Auditorium erst in die eine, dann in die andere Richtung und dann wieder zurück. Als Hypotoniker ließ ich mich bereitwillig hypnotisieren, war spätestens nach drei Pendelgängen in Schlummer gesunken und erwachte wieder gegen Ende der Veranstaltung.

Bei Taubes war an Schlaf nicht zu denken. Von Kopf bis Fuß in Schwarz gekleidet, ein weltlicher Kleriker, im Alter dick geworden und von weichlichen Gesichtszügen, schien er wie von Schwefelluft umgeben. Als Judaist und Eschatologe leistete er sich einen intellektuellen Luxus, der jeden anderen öffentlichen Denker seiner Zeit Kopf und Kragen gekostet hätte. Genüsslich las und zitierte er die Theoretiker und Philosophen, die allen anderen als Tabu galten. Carl Schmitt zum Beispiel durfte man damals nicht erwähnen, ohne hinzuzusetzen, dass er der Kronjurist des Dritten Reiches gewesen war. Solchen zwanghaften rhetorischen Konventionen zu folgen, wäre Taubes nicht in den Sinn gekommen. Bevorzugt besprach er die Autoren, die als die reaktionärsten und gefährlichsten galten, und machte auf Vergessene wie Christoph Steding aufmerksam, von dem er wusste, dass dieser kein Naziautor gewesen war, sondern ein Rechtshegelianer wie Gentile. Oder Adorno, wie er nach einer winzigen Pause boshaft hinzusetzte.

Taubes war ein Meister der Phrasierung. Wie er nachlässig einsetzte und seine Themen anspielte, wie er Läufe anlegte, Pausen, Brüche und Wiederholungen, das war Jazz. Nie zuvor hatte ich ein derartiges rhetorisches Ereignis erlebt wie diesen seltsamen Mann, in dem, wenn er zu sprechen begann, die jahrhundertealte Redekunst der Rabbinen, von denen er abstammte, zum Leben zu erwachen schien. Seine Sätze, allesamt druckreif, mochten sich über endlose Minuten hinweg entwickeln, am Ende erreichten sie doch, über enorme Ketten von Nebensätzen, Einschüben, Schikanen und Verzweiflungen, unfehlbar den Zielpunkt des passenden Verbs. Bekanntlich gleicht der deutsche Satz einem jener endlosen nächtlichen Güterzüge, die von einer einsamen Lokomotive an ihrem äußersten Ende geschoben oder gezogen werden. Wenn Taubes sprach, wurden seine Sätze von Mal zu Mal länger, das Ziehen und Schieben in ihnen erreichte ein ganz wunderbares und wahnsinniges, ganz kleistisches Unmaß, während seine Hörer, wofern sie nicht beizeiten ausgestiegen oder irre geworden waren, gebannt den Augenblick erwarteten, in dem der Zug wider alle Wahrscheinlichkeit doch noch sein Verb, seine Lok, seinen ultimativen Beweger finden würde. Im selben Maß, in dem man Taubes lauschte, begriff man, wo die wirklichen Gefahren des

Geistes lauerten: nicht in den Schriften irgendeines radikalen Denkers, sondern in den abgründigen, immer vom Absturz gefährdeten Strukturen des deutschen Satzes.

Taubes war ein Sprechdenker, wenn es je einen gegeben hatte. Heinrich, ein zierlicher, ja zarter Mann, brauchte die Bewegung des Gehens beim Denken als Anregung, Abfuhr und Tempometer, ein Wanderdenker, der sein Auditorium hypnotisierte. Taubes zog es vor, seine Gedanken wandern zu lassen, vorbei an Zacken und Schroffen, und dabei selber unbeweglich zu bleiben, ein dicklicher Schemen, *esprit malin*, der sein Auditorium elektrisierte. Das wirkliche Gegenstück zu ihm begegnete uns eines Tages, als wir, drei junge Philosophen und Redakteure von *Tumult*, loszogen, um ein Interview mit Odo Marquard zu führen.

Marquard, der traurige Clown der Gruppe »Poetik und Hermeneutik«, die von härter geschnitzten Führernaturen wie Hans Robert Jauß dominiert wurde, sollte in den achtziger Jahren zu einem der Lieblingsautoren des deutschen Feuilletons aufsteigen und es, für einen Philosophen bis dahin undenkbar, sogar zwei oder drei Mal auf den schmalen Parnass der Reclam-Bändchen schaffen, ein Wilhelm Busch der Nachkriegsphilosophie. Uns hatte er mit seiner nachgeschichtsphilosophischen Geschichtsphilosophie in der suhrkampschen »Theorie«-Reihe beeindruckt. Umso enttäuschender verlief das Interview, das wir ihm abrangen. Frage-Antwort war erkennbar nicht sein Spiel. Ihm fehlten der Stift und das Papier. Marquards Gedanken, die sich bevorzugt in der Form der Pointe oder des Bonmots äußerten, bedurften der Geburtshilfe durch das Schreibinstrument. Marquard klöppelte seine Spitzen aufs Blatt, Taubes verließ sich auf seine spitze Zunge. Marquard war Skeptiker und Humorist, Taubes Spieler und Apokalyptiker. Taubes faszinierte, Marquard gefiel. Eine Zeit, die schon den lauen Wind des Beliebigen im Nacken spürte, schien beide Typen zu brauchen.

Ich lebte nun schon eine Weile in Berlin. Neukölln hatte ich gegen Schöneberg vertauscht, ein sozialer Aufstieg. Eines der typischen alten Mietshäuser, zwei Hinterhöfe und eine Außentür mit dem seit Bruno Latour berühmten Berliner Schlüssel. Wer nicht ordnungsgemäß hinter sich abschloss, verlor den Schlüssel und wurde ein Gefangener der Schwelle. In Berlin erzogen einen sogar die Dinge. Obwohl es gegen Mittag ging, war das Treppenhaus schummrig, die Beleuchtung war schon lange kaputt, niemand dachte daran, sie zu reparieren. Das Haus befand sich in einem erbärmlichen Zustand, ich beschloss, an Neapel zu denken und die Misere pittoresk zu finden. Von den Briefkästen her drang fröhliches Geklapper an mein Ohr. Unten stand der Postbote und empfing mich im O-Ton des echten Berliners. »Wat für een Dockta sin Se denn eintlich?« Ich: »Philosoph.« Er: »Vastehe. Sokrates, wa.« Schon war er weiter. Das hätte jetzt Punk sein können, dachte ich und fingerte nach der Post.

Der Berliner Schlüssel passte ganz gut zu meiner Situation. Das Problem war die Unschlüssigkeit. Obwohl die Jahre des Studiums hinter mir lagen, gelang es mir

nicht, mit ihnen abzuschließen und etwas Neues anzu-
fangen, eine Ehe zu schließen, ein Unternehmen zu gründen oder Politiker zu werden. Darin war ich nicht der
Einzige. Wenn ich mich umschaute, sah ich viele, die es
nicht schafften, den Schlüssel noch einmal umzudrehen.
Die Schwelle hielt uns fest.

Ende der Siebziger war Berlin in der Hand von Renegaten und Epigonen. Im Jahrhundert der Extreme, wie Eric
Hobsbawm das 20. Jahrhundert getauft hat, war der Renegat ein klassischer Typ. Mag sein, dass sein Stammbaum
weiter zurückgeht, bis zu Petrus, der seinen Herrn dreimal verleugnete: Jünger, Renegat. Wobei der Opportunis-
mus Petri nicht typisch war für den Renegaten, die An-
passung an die wechselnden Machtlagen; Renegaten waren
keine Chamäleons. Sondern Abtrünnige, Verräter, Spur-
wechsler der Ideologie; nicht wenige kamen von der Bahn
ab und wurden zu Geisterfahrern. Typischerweise begann der Renegat als extremer Linksfahrer und zog dann
scharf hinüber auf die rechte Spur. Die umgekehrte Richtung kam auch vor, war aber seltener. Georges Sorel, Be-
nito Mussolini sind die klassischen Vertreter. Der Renegat Kautsky, schrieb Lenin. 68 und die Jahre danach
ließen reihenweise Renegaten entstehen, wie Pilze nach
dem Regen schossen sie aus dem Boden. Erst war ihnen
die Linke nicht links genug, dann holte sie der Main-
stream ein. Doch der Renegat verträgt es nicht, Schwarm-
intelligenz zu sein. Der Spurwechsel nach rechts war vor-
gezeichnet.

Renegaten hatten meine Sympathie, nicht weil ich mit

ähnlichen Neigungen kämpfte, sondern weil sie interessant zu lesen waren, vorausgesetzt, sie schrieben gut. Renegaten blieben stets etwas unberechenbar, das erhöhte das Vergnügen beim Lesen. Nichts öder als die Schreiber, die ewig dieselbe politische Linie vertraten, von der sie ihre jeweilige Ansicht nur »ableiteten«, wie man damals sagte. »Ableitung« war eine Hauptvokabel der siebziger Jahre, alles musste von irgendwas ableitbar sein.

Daneben wimmelte das vormals revolutionäre Soziotop von Epigonen. Das fiel aber nur Gert Mattenklott auf, der einen Aufsatz darüber schrieb, weil er den Epigonen in sich selber fühlte, während ihm zum Renegaten der politische Nerv fehlte. Anders als der Renegat ist der Epigone eine Hauptfigur des 19. Jahrhunderts; Karl Immermann hat ihn beschrieben und in der Abendröte der Goethe-Welt angesiedelt. Der Epigone ist der klassische Nachläufer oder Nachfahre. Er ist der Gast, der zu spät zum Mahl kommt und nur noch leere Teller findet und Pfützen in den Gläsern. Man kann es auch umdrehen: Wenn der Epigone kommt, ist die Party vorbei. Er tut so, als hätte er mitgefeiert und zu den Attraktionen des Fests gehört, dabei schleicht er sich erst durch die Hintertür, wenn die anderen schon gegangen sind und die Musik ausgespielt hat.

Neben den Renegaten und Epigonen gab es natürlich auch noch die Ideologen, die wasserdicht geblieben waren. Und irgendwo am Rande die arroganten und verdrucksten Reste des linken Bildungsbürgertums, *Ficus benjamini* und Bücherregal im Gästeklo. Für die Jüngeren, die jetzt zu studieren begannen, blieb bestenfalls ein Platz auf der Epigonenbank: Weh dir, dass du ein Enkel bist. Zehn, zwölf schnelle Jahre waren vergangen seit 68, und die Welt hatte sich gedreht. Die Semantik war nicht mehr dieselbe, der Tonus des Lebens verändert. »Tunix« war als Titel für einen Kongress der Linken perfekt gewählt; kurz nach dem »heißen Herbst« von 77 setzte die große Erschlaffung ein, der Weg nach innen. Vor uns lagen die Jahre der Kulturgeschichte und der Couch.

Ab und zu flackerte ein Nachleuchten von 68 über die Wände, aber niemand sah hin. Eines Morgens, es war wieder Herbst in Dahlem, versuchte ich einem Proseminar von Soziologen und Philosophen anhand der Phänomenologie eines Pflastersteins, den ich an einer Baustelle aufgelesen hatte, den Sinn der Revolte zu erläutern, und als ich von meinem Stein aufblickte, sah ich in ratlose Augen. Im Merve-Verlag in der Crellestraße gab es eine Lesung mit Texten von Marcel Duchamp über das »Große Glas«. Mitten in der Veranstaltung fiel der Strom aus, es wurde dunkel und die Zuhörerschaft begann zu murren. Aus der Tiefe der Dunkelheit erscholl die vertraute Stimme eines griechischen Philosophen: »Dem hochverehrten Publikum ist das Liebesbenzin ausgegangen.« Etwas Ähnliches musste auch der Revolte passiert sein.

Vielleicht lag es an der Sprache. Ständig lernten wir neue Sprachspiele. 68 hatte nicht nur den Lektürekanon, sondern auch die Sprache getroffen. Adorno hatte den Anfang gemacht, als er nicht nur Heidegger, den immer alle im Verdacht hatten, sondern dem gesamten Existenzialismus bescheinigte, er rede Jargon. Sprechblasen der Seinsphilosophie, Jargon der Eigentlichkeit. Die politischen Gruppen, die nach 68 die Hörsäle, Seminare und studentischen Stammtische beherrschten, hatten ihre eigenen, stark restringierten Codes etabliert, autoritäre Sprachspiele, Jargons der Zugehörigkeit: ene mene muh. Die Germanisten ließen sich mitschleifen; nur wenige blieben, wie Schlaffer, der Klassik oder der Romantik treu. Die meisten stellten die gesamte ältere Literatur, praktisch alles, was vor den heiligen drei Petern, Handke, Weiss und Schneider, erschienen war, unter Ideologieverdacht. Und ein so subtiler Geist wie Roland Barthes ließ sich in seiner Antrittsvorlesung am Collège de France zu der Aussage hinreißen, alle Sprache sei faschistisch.

Aber R. B. durfte alles, R. B. war Herzenssache. Als ich die Nachricht von seinem Tod erhielt, im Frühjahr 1980, stand ich vor dem Bahnhof von Florenz, wo man *Le Monde* kaufen konnte, las auf der Seite eins *La mort de Roland Barthes* und merkte, wie mir die Tränen herunterliefen. Er war der Einzige gewesen, der sich seiner Schwächen nicht geschämt hatte. Sie nicht rationalisiert oder ironisiert, nicht verdrängt oder gegen die Angst der Anderen getauscht hatte. »Das Unerträgliche ist die Verdrängung des Subjekts«, hatte er zu Beginn seiner letzten Vorlesung am Collège de France formuliert: »welche Risiken die Subjektivität auch enthalten mag … Lieber die Trugbilder der Subjektivität als der Schwindel der Objek-

tivität.« Ich hatte den Anfang seiner Vorlesung über die
»Vorbereitung des Romans« noch gehört. Es war eine
unsäglich traurige und unsäglich komische Vorlesung
über die Unfähigkeit des Schriftstellers zum Schreiben.
»Schriftsteller«, sagte er, »so nenne ich den, *der schreiben
will*.« Im *écrivain* steckte nicht nur der Wille zur Schrift,
sondern auch die *vanité*, die Eitelkeit und Vergeblichkeit
allen Wollens.

Paris hatte meine Arroganz geschult. Ich war durch die
Klassen des Strukturalismus und Poststrukturalismus gegangen. Seitdem erkannte ich das Epigonentum auch da,
wo andere die hipste Theoriebildung der siebziger Jahre
sahen. Klaus Theweleits »Männerphantasien« etwa oder
Oskar Negts und Alexander Kluges zweites Erfolgsbuch
jener Jahre, »Geschichte und Eigensinn«: Glaubte einer
im Ernst, solche Bücher wären geschrieben worden, wenn
es den »Anti-Ödipus« von Deleuze und Guattari nicht gegeben hätte? Alles epigonal. In meinem Hochmut ahnte
ich nicht, welche Sklerose dem Diskurs des Poststrukturalismus blühen sollte, war er erst einmal in die akademischen Verwertungsmühlen eingegangen und zur
geläufigen Sprache von DFG-Anträgen geworden. Er kal-
zerisierte genauso rasch und rückhaltlos wie vor ihm die
philosophischen und szientifischen Jargons von Frankfurt oder Bielefeld.

Ich wusste, warum ich die Texte der Franzosen denen
der deutschen Schulen von Frankfurt, Bielefeld und Müns-
ter vorzog. Ganz zu schweigen von den Traktaten, die im
Umkreis des Berliner Otto-Suhr-Instituts entstanden wa-

ren. Nichts gegen die unvergleichliche Schönheit eines Bielefelder Methodenkapitels. Keine ernstzunehmende Monografie kam damals ohne aus. Es hing so zwingend vor dem Laden wie die Geranien vor dem Holz einer bayrischen Hütte. Wenn ich aber meine Franzosen aufschlug, fand ich über ihren Texten ein Leuchten wie über Dahlem im Herbst. Zu meinen Lieblingsautoren gehörte Michel Serres. Wie kein anderer der großen Prosaisten verband er stilistische Eleganz und Sinnlichkeit des Texts. Wie er durch lässig eingestreute Bildfragmente und Farbpartikel ganze Bildräume evozierte – die Antike, das Mittelmeer, den Süden –, das kannte ich bis dahin nur aus der Dichtung von Gottfried Benn oder Ezra Pound und aus der Malerei von Cy Twombly. Dass so etwas im Medium theoretischer Literatur möglich war, berührte mich wie eine Erleuchtung. Wie alle Erleuchtungen hatte auch diese den Charakter der Ahnung, des großen Ungefähren. Oft war es nur die Aura des Texts, die ich empfand und genoss, seine Atmosphäre, sein Geschmack. Aber wenn mich deswegen Skrupel überkamen, griff ich, statt reumütig Hermann Lübbe zu lesen, zu Barthes' »Lust am Text« und holte mir den verzeihenden Segen für meine ausschweifenden Lektüren.

Gegen Ende der Siebziger konnte man zum ersten Mal spüren, dass das ideologische Zeitalter zu Ende ging. Sein Niedergang war mit einer Vokabeldämmerung verbunden. Der Lichtwechsel konnte von einem einzelnen Wort herrühren, zum Beispiel von dem Wort *pouvoir*.

Man las es jetzt häufiger, *le pouvoir*, die Macht. Schon sein Vorkommen war aufregend. Das Wort stand quer zu den deutschen Ansätzen des politischen Denkens. Die Deutschen dachten die Macht entweder marxistisch als Herrschaft über die Mittel der Produktion oder bürgerlich in den geläufigen Formen: innenpolitisch als Parteien, außenpolitisch als Nationen und Blöcke. Die Macht als solche kam im deutschen Sprach- und Denkraum kaum jemals vor, von zwei Ausnahmen, Niklas Luhmann und Christian Meier, abgesehen. Mit den politischen Instrumenten der Franzosen wurde es möglich, die Macht aus ihren traditionellen Einheiten, Parteien, Blöcke, Kapital und Arbeit, zu lösen und in ihren Verbindungen mit anderen Größen wie dem Wissen und dem Sex oder mit Techniken wie der Einschließung, Isolierung, Züchtung und Zähmung zu untersuchen: Es wurde möglich, die Macht anders zu sehen und anders zu denken. Das war noch nicht alles.

Die Macht war nicht im Singular gekommen. Zu den Markenzeichen der Poststrukturalisten gehörte es, dass sie alle Substantiva in den Plural setzten: die Mächte, die Körper, die Wörter, die Namen, die Dinge. Es war, als müssten sie dem Souverän, dem Monarchen, noch einmal den Kopf abschlagen. Dabei waren die Könige durchaus pluralfähig gewesen, Beweis: *la galette des rois* zu Epiphanias, jene Kuchen zum Dreikönigstag, in denen sich die kleinen weißen Könige aus Steingut verstecken und den Zahnplomben auflauern. Wie die heiligen Könige kamen auch die Mächte selbdritt oder in größerer Zahl. Wo immer die Macht war, da waren auch Gegenmächte, lehrte Foucault, das Feld der Macht war stets plural und immanent.

Der wirkliche Fürst des Gewimmels hieß Deleuze. Seine Lehre von den Vielheiten und ihrer Bejahung trug mit dazu bei, ihm den Titel eines Pop-Philosophen einzutragen. Unfassbar, wie er Fragmente von Theorien, Metaphern und literarische Figuren miteinander kombinierte. Schon *Différence et répétition* war nicht nur ein Buch über Platon und die abendländische Philosophie gewesen, es las sich auch wie eine Theorie der neueren Musik. Punk war es trotzdem nicht, was Deleuze machte, auch nachdem er begonnen hatte, mit Guattari gemeinsam zu schreiben. Dazu konnten die beiden zu viele Akkorde. Aber vielleicht war es ja Pop. Jedenfalls hatte es mehr mit der gegenwärtigen Kunst und Musik zu tun als alles, was Professoren sonst zu Papier brachten und was seriöse Verlage druckten. Er wünschte sich, sagte er eines Tages, er könnte seine Texte so schreiben wie Bob Dylan seine Songs. Und stellte, radikal wie sonst niemand, die alten Fragen: Was ist die Philosophie? Was heißt Denken? Deleuze, kein Zweifel, war ein Philosoph: *Sokrates, wa.*

Westberlin war politisch eine Insel, und viele Berliner verließen ihre Insel nie. Da die Insel keinen Strand, in diesem Fall: kein Umland besaß, wandten sich die Energien der Bewohner, die etwa die Münchner an ihren Seen und in ihren Bergen vergeudeten, den Interieurs zu, in denen sich das Berliner Leben abspielte. Alle Eckkneipen waren

Seenplatten, alle Wohnzimmer Gebirge. Der Ausdruck »Wohnlandschaften« muss in Berlin erfunden worden sein. Nirgendwo sonst wurde so emphatisch gewohnt. Ich hatte noch vage Erinnerungen an ein Leben außerhalb der Interieurs und ergriff von Zeit zu Zeit die Flucht. Von einem Freund begleitet, reiste ich in die noch verschlossenen Länder des Ostblocks.

Im Sommer 1978 fuhren wir nach Polen, besuchten Breslau und Warschau und schwammen in der Danziger Bucht. Dann hatten wir einen Einfall. Wir fragten uns nach Rastenburg durch, das jetzt Kętrzyn hieß. Dort in der Nähe hatte Hitlers Hauptquartier gelegen. Wir fanden die Idee, die Wolfsschanze zu besuchen, ziemlich verwegen. Auf so etwas musste man erst mal kommen. Wo waren die englischen Rocker mit ihren drei Griffen? In unserer Begeisterung bemerkten wir nicht, wie der Verkehr immer dichter wurde, je näher wir dem Ort kamen. Dann waren wir da. Vor den massigen, von Birken und Kiefern überwucherten Ruinen, die an Inkatempel in einem Dschungel erinnerten, parkte ein halbes Dutzend polnischer Busse, und über dem Eingang zum Hauptquartier hing der Qualm mehrerer Wurstbuden. Immer wieder formierten sich fröhliche Gruppen von Inkas, um sich vor den Tempeln fotografieren zu lassen. Wir waren zu spät gekommen. Die Polen hatten den Punk erfunden.

Wir durchstreiften die Ruinen, und bevor wir uns auf den Rückweg machten, nahmen wir einen kleinen, faustgroßen Brocken Beton mit. Ein Fragment von der Wolfsschanze, ein Stück vom Planeten des Bösen. Zwischen unseren Hemden und Badehosen lag der Brocken unter der Haube des Volkswagens und blieb dort liegen, nachdem wir wieder in Berlin angekommen waren und ausgepackt hatten. Erst bei der Kontrolle durch die Vopos, die uns auf irgendeiner schwarzen Liste hatten und jedes Mal, wenn wir den Transit passierten, den VW herausfischten, fiel uns der Brocken wieder ein. Ganz entspannt standen wir neben dem Wagen, sahen zu, wie die Vopos uns filzten, wobei sie meist an irgendwelcher verdächtigen Literatur hängenblieben, und bissen uns auf die Zunge, wenn sie den Brocken Beton fanden, einen Augenblick lang prüfend in der Hand wogen und achselzuckend wieder auf den Tank des Käfers fallen ließen. Das war der Augenblick, in dem wir uns ansahen und das leise Siegerlächeln im Blick des anderen registrierten.

Wegen der Literatur gab es öfter Ärger. Wer sagte denn, dass wir nicht im Begriff standen, unterwegs reihenweise Merve-Bände aus dem Fenster zu werfen, um die politische Moral der Republik zu untergraben. Nicht selten ließen sie uns einfach ein paar Stunden in ihrer Verhörbaracke schmoren. Einmal fiel aus einem der Bände, der den Verdacht des Beamten erregt hatte, ein kleines Schwarzweißfoto heraus, direkt vor seine Füße. Als der Vopo es aufhob, um es zu betrachten, wusste ich, was uns blühte. Eine Freundin hatte es mir zum Abschied von Marburg geschenkt. Es zeigte sie mit nacktem Oberkörper, im Vordergrund lag hell und rund wie der Mond ihre eine Brust, irgendwo im Halbdunkel unscharf ihr Gesicht. Auf die Rückseite hatte sie geschrieben »Ich bin Jutta«. Das kleine

Bild war nicht leicht zu lesen, es dauerte eine Weile, bis man sich durchbuchstabiert hatte und begriff, welchen Teil von Jutta man sah. Auch der Beamte brauchte lange, und als er endlich begriff, war ihm gleichzeitig klar, dass er zu lange auf das Bild gestarrt hatte. Er errötete, egal ob aus Scham oder Zorn; wir wussten, was uns erwartete. Die Stunden in der Baracke waren ein einziger Triumph. Wir hatten der Welt gezeigt, wie Punk geht.

Le sexe

Als ich das zweite Mal nach Paris kam, war ich ohne Stipendium und brauchte Geld. Wieder war ich bei Hugo gelandet, in einer Wohnung, die schon gekündigt war. Wir hatten noch ein paar Wochen, um uns etwas zu suchen, er eine Wohnung, ich einen Job. Hugo kannte einen amerikanischen Fotografen, der eine Aushilfe im Labor brauchte. Ich wollte Fotograf werden, das passte. Der klassische Tellerwäscher, am Ende würde ich ein berühmter Mann sein. Den Intellektuellen hatte ich über der ins Auge gefassten Künstlerkarriere nicht vergessen. Wieso sollten diese Dinge sich ausschließen?

Der Amerikaner namens William, ein schlaksiger Kerl, wirres Grau auf dem Kopf, war um die Fünfzig und sah aus wie John Mayall. Verrückt wie eine Fledermaus, und schwer depressiv. Seine Freundin hatte ihn verlassen, obendrein musste er Möbel und Tapeten für die Prospekte französischer Warenhäuser fotografieren. »There's only one thing in the world which is worse than French furniture, and that's French wallpaper.« Wie recht der Kerl hatte. Das Schlimmste, was ich für ihn abziehen musste, waren Aufnahmen von erdbraunen Tapeten mit großen roten Rosen. Nachts träumte ich von offenen Gräbern. Schwarzweiß hatte ich drauf, jetzt lernte ich Farblabor. Keine gelben Lampen mehr, stattdessen ägyptische Finsternis. Um mit dem zeitgerechten Wechsel der Bäder klarzukommen, ließ William ein Tonband laufen. Saß im Dunkeln, und eine Frauenstimme auf dem Band sagte ihm, was er als Nächstes zu tun hatte. Es war die Stimme der Frau, die ihn verlassen hatte. Der Fotograf war verrückt geworden.

Paris sei die Stadt des Lichts, hatte ich gelesen. Sollte ich mich mit einem Irren in der Dunkelkammer einschließen? Er begann zu reisen, hieß es bei Flaubert in der *Éducation sentimentale*. Das tat auch ich. Quer durch Paris, immer mit der Métro. Es war auch eine Erziehung des Gefühls. Dass die Métro ein befahrbares Seminar der französischen und europäischen Geschichte darstellte, sah ein Blinder. Die Siege der französischen Waffen lebten im Gedächtnis fort: Austerlitz, Solferino, Wagram. Die Niederlagen weniger, außer den mythisch entrückten: Alésia. Eine Waterloo Station gab es nur in London. Auch die historische Schadenfreude bediente die Pariser U-Bahn: Stalingrad. Aber die Métro beförderte mich nicht nur, mit Roland Barthes zu sprechen, ins historische Studium, sie sorgte auch fürs Punctum, den Stich ins Auge, den kleinen ästhetischen oder libidinösen Überfall. Den konnte ein einsamer Geiger im Tunnelgewirr von Châtelet verüben, eine Passantin auf dem gegenüberliegenden Bahnsteig, aber auch ein unerwartetes Plakat.

Eines Morgens stach mir eine Werbung von Printemps ins Auge. Eine junge Frau, elegant und sexy, kurzes, dunkles Haar, sah mich an. Sie kam mir bekannt vor. Sie kräuselte die Stirn und stellte sich die Fragen: *Qui suis-je? D'où je viens? Et qu'est-ce que je vais porter ce soir?* Wer bin ich, woher komme ich, und was soll ich heute Abend anziehen? Es waren nicht exakt die drei kantischen Fragen, die sich die Schöne stellte, aber die Botschaft war klar. Die Mode war in Frankreich, was sie in Deutschland seit Georg Simmel nicht mehr gewesen war, ein philosophischer Gegenstand. Auf dem Höhepunkt der semiologischen Welle hatte Roland Barthes die »Theorie der Mode« geschrieben, auf die Dior, Chanel und Saint Laurent vermutlich lange gewartet hatten, um zu begreifen, was sie eigentlich taten. Ihn hatte es, wie er sagte, gereizt, die Grammatik einer bekannten, aber noch nicht analysierten Sprache zu erarbeiten. Mich bestärkte die Begegnung auf dem Bahnsteig in der Ahnung, dass diese ganze Stadt erotisch war und keine andere Sorge kannte als die, mit mir zu flirten. Unablässig sandte mir die Stadt Zeichen zu. Sie sah mich an.

An anderer Stelle hatte Barthes geschrieben: *Le sexe est partout sauf dans le sexe.* Das war kritisch gemeint und hieß so viel wie: Der Sex ist überall, außer im Geschlecht. Es klang ein bisschen gereizt, so als hätte der Autor gemeint: außer da, wo er hingehört. Ich fand es im Gegenteil fantastisch, den Sex so luftig verstreut zu finden; in jeder Falte dieser Stadt fand ich ihn und fand er mich. Eine Art Oberflächenspannung. Zwischendurch gab es Zonen der Verdichtung. Eine Zeitlang wohnte ich in der Rue Greneta, einer Querstraße der Rue St. Denis, dem Boulevard der käuflichen Liebe. Wann immer ich aus dem Haus trat, traf ich zwei, drei der *putains*, die durch die Greneta patrouillierten und mich, wie unter Nachbarn üblich, mit lässigem Nicken, kokettem Hüftschwung oder einem Witz begrüßten. Mit einer von ihnen, einer schwarzen Schönheit, hatte ich einmal probeweise verhandelt. Sie nannte einen Preis, ich wollte wissen, für welche Leistung. Des an dieser Stelle benötigten Lexikons nicht mächtig, fragte ich nur *pour quoi*, wofür? Sie lachte mich aus: *Mais pour l'amour!* Ich errötete, dann platzte ich gleichfalls los, von Stund an waren wir kleine Freunde. Keine dicken, alten, nein, kleine Freunde. Aber ich ging nie mehr aus dem Haus, ohne nach ihr zu schauen, und wenn sie mich sah, lachte sie, und ich rief *Pour l'amour!*

Ich fand es erregend, *amour* und *sexe* so leicht vertauschbar zu finden, es fügte sich auf natürliche Weise in die leichte Flugrausch-Erotik dieser Metropole; es verband die Stadt und die Sprache. Erotik heißt auf Französisch *erotisme*, und die deutschen Übersetzer, die nicht in Frankreich gelebt hatten oder ihr Wörterbuch richtig benutzten, übersetzten das Wort, wenn sie es bei Bataille oder Klossowski fanden, gern mit »Erotismus«. Das wirkte bedeutender und gab der spielerischen Erregung des Französischen die Gravität eines deutschen Begriffs: Erotismus, Sozialismus, Atomismus. So wurde aus der Erotik, der flüchtigsten Sache der Welt, eine Weltanschauung oder ein Triebschicksal.

Die Freundin eines Freundes besuchte Paris und wohnte bei mir. Auch sie war Fotografin. Wir verbrachten zwei Tage miteinander, dann fuhr ich weg und überließ ihr meine Wohnung für die Woche. Wohnung war ein Euphemismus, das Zimmer war eine ehemalige *chambre de bonne* unter dem Dach, zehn Quadratmeter, dann kamen das Dachfenster und das Blaugrau der Dächer, dazwischen die Tauben, wie fliegende Stücke derselben Farbe. Als ich am Ende der Woche zurückkam, lag auf meinem Tisch ein kleines Album. Die Fotografin hatte alles aufgenommen, jeden Gegenstand des Zimmers, seine ganze Armut und seine Anmut. Noch nie hatte ich gesehen, wie ärmlich es war und wie schön. Ich war blind gewesen.

Sie hatte sich von meinem Freund getrennt und war eine lesbische Beziehung eingegangen. Das war nicht unüblich in den Siebzigern, viele Frauen stellten diese Versuche an, die einen für kürzere, die anderen für längere Zeit. In ihrem Fall erschien mir der Seitenwechsel nicht unplausibel. Sie hatte etwas von einer Schönheit, die nicht weiblich war, sondern an den jungen Orson Welles erinnerte. Der schwere Blick, der Hauch von Melancholie. Alles an ihr war weiblich, bis auf diesen Blick. Wenn sie mich ansah, wusste ich, dass Ambiguität ein Teil der Erotik, und nicht der kleinste, war. Eines Abends stand ich in einer Menge von heftig parlierenden Gästen auf einer Vernissage im Centre Beaubourg, als mich ein anderer Blick traf. Das heißt, er traf mich nicht, sondern ging quer durch mich hindurch und hinter mir ins Leere. Er kam von einem jungen Asiaten. Der Mann stand ein paar Meter weit entfernt, grazil gebaut, elegant gekleidet. Unbewegt sah er mich an. Ohne Lächeln, ausdruckslos. Aber sein Blick galt mir, kein Zweifel. Ein Blick, wie ich ihn nur einmal im Leben gesehen hatte, auf einem Bild von Hieronymus Bosch. Ich stand gebannt. Ein langer Moment verging, dann hatte ihn die Menge verschluckt.

»Der Blick des Anderen«, schreibt Sartre, »trifft mich über die Welt und ist nicht nur Transformation meiner selbst, sondern totale Metamorphose der *Welt* … Der Blick des Anderen negiert meine Distanzen zu den Objekten und entfaltet seine eigenen Distanzen.« Wie der Blick des Anderen die Distanzen zu den Objekten verändern konnte, hatte ich an einem Abend kurz nach meiner Rückkehr nach Paris erlebt. Es war in einem Café im Quartier Latin, ich trank etwas und hatte meine Kamera neben mich auf den *zinc* gelegt. Plötzlich stand eine junge Frau neben mir, ich spürte ihren Blick und wandte mich ihr zu. Was ich sah, gefiel mir. Grüne Augen fixierten mich. Ein Katzengesicht. Wortlos erwiderte sie meinen Blick und hielt ihn fest, vier Sekunden oder fünf, den kurzen Bruchteil einer Ewigkeit. Im selben Moment, in dem sie ihn losließ, war sie auch schon verschwunden, und mit ihr meine Kamera.

Georg Simmel hat beschrieben, wie die Eisenbahnfahrt die Gemeinschaft der Reisenden veränderte. Stundenlang im selben Coupé einander gegenübersitzend, betrachteten sie einander, spürten den Blick des Anderen und gaben sich selbst der Tätigkeit eines Imaginären hin, das sich damit beschäftigte, das Gegenüber mit Eigenschaften und Herkünften auszustatten, mit einem Familienroman, einer ganzen erträumten Vita. Die durch die Kontingenz des Reiseabteils gestiftete Gemeinschaft wurde zur Autorin eines Sozialromans. Ich war genug gereist, in Zügen, Flugzeugen und Fahrstühlen, um die ephemeren Sozietäten zu kennen, von denen der Autor sprach, war an solchen inneren Schreibvorgängen selbst beteiligt gewesen. Ich hatte eine unbestimmte Ahnung davon, dass es geheime Verbindungen zwischen Erotik, Urbanität und Tempo gab. Vielleicht weniger eine Ahnung als eine Antenne für das Phänomen. Aber was ich in Paris erlebte, verblüffte mich. Die Geschwindigkeit, mit der ich in der Pariser Métro visuell abgetastet wurde, raubte mir den Atem. In Deutschland konnte der optische Vorgang, bei dem ein Fremder von seinen Mitreisenden abgescannt wird, sich über Minuten hinziehen. In Paris dauerte er kaum eine Sekunde. Als jungen Mann interessierten mich naturgemäß die Blicke der Frauen, und ich versuchte sie einzufangen. Vergeblich, sie waren zu schnell für mich. Alles Göttliche und alles Schöne, schreibt Friedrich Schlegel, ist schnell und leicht.

Der erste Band von »Sexualität und Wahrheit«, »Der Wille zum Wissen«, war der erste Foucault-Titel, den ich gemeinsam mit Walter Seitter übersetzte. Die Tatsache, dass Sexualität und Diskurs eine innige Beziehung unterhielten, war mir spätestens seit meinem ersten Pariser Aufenthalt geläufig. Es war keine angenehme Erfahrung gewesen.

Mein ärmliches Französisch hätte dringend der Auffrischung und Erweiterung bedurft, aber dafür blieb keine Zeit, und wenn mich Hugo und seine Freunde zu irgendwelchen Partys mit hübschen Französinnen mitschleppten, machten die beiden sich einen Jux daraus, mich als *philosophe allemand* vorzustellen. Das ließ mich vollends verstummen und beraubte mich der letzten Außenseiterchance: Genauso linkisch, unbeholfen und sprachlos hatten sich die Töchter der Pariser Bourgeoisie einen deutschen Philosophen vorgestellt. Und vor den *sexe* wie vor die meisten Dinge des französischen Lebens hatten die Götter den *discours* gestellt. Wer diesen nicht beherrschte, sah jenen nur von fern.

Für den Übersetzer waren beides komplizierte Größen. Heute ist »der Diskurs« im Deutschen wieder, wie vor zweihundert Jahren, ein geläufiger Ausdruck, damals war er es nicht. Wer ihn gebrauchte, machte sich verdächtig oder wurde lächerlich gemacht. Wie sollten wir den Begriff *discours* übersetzen? Heidegger hätte angeboten: »das Gerede« und damit gar nicht so schiefgelegen, hätte das Wort nicht so polemisch und pejorativ geklungen. Beschrieb nicht der »Diskurs« exakt das Phänomen, dass Reden sich über Reden schichteten und dass unter jeder Rede anstelle eines natürlichen Objekts eine andere Rede zum Vorschein kam? Ein Freund schlug als Übersetzung vor: Erörterungszusammenhang. Ein bisschen sperrig, aber auch nicht schlecht, weil sich darin das *Diskurrieren*, das gesprächsweise Auf und Ab durch die Argumente, der Fortgang eines mehrstimmigen Gesprächs abbildete.

Doch das umständliche Wort klang nach Poetik und Hermeneutik und der Theorie des kommunikativen Handelns. Der französische *discours* stand der Kanzel so fern wie dem Katheder oder der akademischen Prunkrede. Er klang alltäglicher, fast hätte man gesagt natürlicher.

Wir blieben achselzuckend bei »Diskurs« und kamen zum nächsten Problem, *le sexe*. Sollten wir uns umstandslos für das Naheliegende entscheiden und das deutsche Wort »Geschlecht« gebrauchen? Oder wäre »Sexualität« die richtige Wahl? Aber dafür hätte es ein französisches Äquivalent gegeben, *la sexualité*. Der Autor sprach aber nicht von Sexualität, sondern von *le sexe*. An einer Stelle sogar vom *roi sexe*, dem König ... Geschlecht? Abgesehen von der genealogischen und hereditären Bedeutung des Wortes schien uns »Geschlecht« die falsche Wahl: zu naturhaft, zu sehr Biologiestunde. Auch der soziologische Aspekt war nicht gefragt, es ging nicht um *race and gender*. Ein Fremdwort wie »Sexus« hätte das Gewöhnliche, Alltägliche von *le sexe* unter den Tisch fallen lassen. Im Kern ging es um den Sex, der in unseren westlichen Gesellschaften erforscht, vermessen, verkauft, besprochen, bebildert und manchmal sogar praktiziert wurde. Apropos: Hatte man im Deutschen Sex, oder machte man ihn? Wann war das Wort eigentlich in unserer Sprache aufgetaucht? Sexualität wohnte schon seit längerem als Immigrant im Deutschen, aber wann und woher war der Sex gekommen? Wir tippten auf Amerika als Herkunftsland und vermuteten, dass er mit den amerikanischen Truppen bei Omaha Beach an Land gegangen war. Wir fanden, es sei an der Zeit, den Sex zu naturalisieren, mit allen Bürgerrechten inklusive Deklination: der Sex, des Sexes, dem Sex, den Sex.

In einer Vorlesung zur Geschichte der Rhetorik erinnerte Roland Barthes an die Scherze, die sich die mittelalterlichen Grammatiker mit *casus* und *conjunctio* erlaubt hatten, und an den losen Gebrauch, den Pierre Klossowski von den Begriffen der Scholastik gemacht hatte (*utrum sit, sed contra, vacuum, quid est*: »der Quidest der Inspektorin«). So weit ging unsere Liebe zur Philologie nicht. Wir begnügten uns mit einer »Anm. d. Übers.« und gingen weiter. Unser philologischer Ehrgeiz verlangte, dass wir zu jedem der Werke, die Foucault zitierte, die deutsche Übersetzung fanden, vorausgesetzt, es gab bereits eine. Wir entdeckten, dass die deutschen Verleger und Philologen des 19. Jahrhunderts eifrige und flinke Übersetzer gewesen waren; viele Titel französischer Autoren waren schon nach ein, zwei Jahren übersetzt, und das nicht schlecht. Man musste die Übersetzungen nur finden, was angesichts der damaligen Nachweismittel zu den kuriosesten, häufig scheiternden Odysseen führen konnte. Ein ähnliches Schicksal schien uns auch im Fall des viktorianischen Libertin, den Foucault im 2. Kapitel zitierte, des anonymen Autors von *My secret Life*, zu drohen.

Bis mir einfiel, dass es da schon einmal etwas auf Deutsch gegeben hatte. Es war in der Unterprima gewesen. In der monosexuellen Klasse, Koedukation war noch ein ferner Traum, zirkulierte ein Band mit dunkelgrünem Schutzumschlag. Ich erinnerte mich dunkel an einen

Vornamen wie Frank (tatsächlich lautete er Walter) und an den Titel »Mein geheimes Leben«; auch die Beschreibung, die Foucault von den intimen Memoiren des Engländers gab, schien mir auf das obskure Objekt unseres Verlangens zu passen. Wie ging es nun weiter? Wo sollte ich forschen? Wen fragen? Die Stunde der Suchmaschinen hatte noch nicht geschlagen. In dieser Situation fiel mir Heinz Maus ein. Der Marburger Soziologe stand im Ruf, ein begnadeter Kenner des französischen Lebens im 19. Jahrhundert zu sein, ein zweiter Balzac, aber anders als dieser schreibgehemmt. Zu diesem ersten Ruf passte nicht schlecht der zweite. Es hieß, so flüsterte ein Student der Sozialwissenschaften dem anderen zu, Maus hüte in seinem Haus am Rande von Marburg eine gigantische Sammlung pornografischer Literatur. Ich setzte mich an meine Olympia Monica, schrieb an Maus und schilderte ihm mein Problem. Ich hätte gehört, er verfüge über glänzende Kenntnisse, usw. usw. Alles im respektvollsten Ton.

Nach drei Tagen war die Antwort da. Ein Blatt mit wenigen Zeilen, auf einer alten Schreibmaschine getippt. Ihm sei bekannt, begann der Absender, dass ihm allenthalben nachgesagt werde, er sei der größte Pornosammler weit und breit. Dem sei keineswegs so. Doch könne er mir helfen. Und dann kam alles, was ich brauchte: Titel, Herausgeber, Übersetzer, Verlag, Erscheinungsort und -jahr. Sogar seinen persönlichen Fundort des Titels teilte der Soziologe mit: auf dem Flohmarkt von Amsterdam, in dem und dem Jahr.

Eberhard und Phyllis Kronhausen, zwei amerikanische Pioniere der sexuellen Befreiung, hatten den Auswahlband herausgegeben und kommentiert. Die beiden, ein amerikanisches Psychotherapeutenpaar, drehten Filme, schrieben Bücher und machten Ausstellungen mit erotischer Kunst. Der Autor firmierte jetzt als »Walter (Der englische Casanova)«; 1968 war die deutsche Ausgabe bei Rütten & Loening erschienen und hatte offenbar auf der Stelle den kurzen Weg in unser ländliches Gymnasium gefunden. Es waren die Jahre, in denen sich in gewissen erogenen Zonen oder Falten des Buch- und Zeitschriftenmarkts, etwa in *Konkret* oder im Programm des März Verlags, die beiden damals besonders gefragten Sorten von Revolution, die politische und die sexuelle, die Schreibhand reichten. Pornografie, bis dahin eine Sache erzwungener Obskurität, kam aus der Schmuddelecke heraus. Nicht dass sich ihr Ruf sonderlich verbessert hätte; sie wurde nicht plötzlich reputierlich, aber sie gelangte an die mediale Oberfläche. Der Untergrund verlor an Substanz und trocknete aus.

Mein bester Freund in Paris war ein *défroqué*. So nennt man in Frankreich die Männer, die das Priestergewand abgelegt haben und in den Laienstand zurückgekehrt sind. Wir hatten beide Arbeit in einer Bibliothek gefunden, kein schlechter Ort zum *cooling down*, wenn man erst kürzlich der Kanzel entsagt hatte. Er hatte der Kirche, ich der Universität den Rücken gewandt, beide hatten wir die Freiheit gewählt. Raus aus den Verliesen des Vatikan.

Stimmungsmäßig lief es für ihn aber nicht so berühmt. Während ich meine Freiheit genoss, beklagte er den Verlust seiner Ketten. Er hatte es mit der Kirche nicht ausgehalten, jetzt hielt er es ohne sie nicht aus. Auch mit den Frauen war es schwierig; um ihn zu verstehen, brauchten sie Erfahrung, hatten sie Erfahrung, kam er damit nicht klar. Ihr Wissen um die Geheimnisse des Sexuellen machte ihm Angst. Es war nicht ganz einfach mit ihm.

Er war ein treuer Freund, und wenn mein Kahn Schiffbruch erlitt, fischte er die Wrackteile auf. Er bewohnte ein kleines *deux-pièces* im Fünfzehnten, zwei Zimmer und in jedem ein Bett. War er allein, wechselte er mitten in der Nacht aus dem einen in das andere. Er träumte wie im Fieber, redete, schwitzte, phantasierte und brauchte die kühlen Bezüge des Zweitbetts, um einigermaßen durch die Nacht zu kommen. War ich zu Besuch, sah ich ihn oft eine geisterhafte, vergebliche Runde drehen und seufzend wieder unter seine heißen Laken schlüpfen. Eines Tages kündigte er an, er werde umziehen. Er hatte eine Frau kennengelernt, deren Erfahrenheit groß genug war, sie ihn nicht spüren zu lassen, und sie unauffällig im Ausland geheiratet.

Vor dem Umzug musste die neue Wohnung renoviert werden, ich half ihm beim Anstreichen. Die sonderbar altertümliche Farbe, eine Art Altrosa mit einer Spur Braun, die er für Wände und Decken ausgesucht hatte, irritierte mich. »Weißt du«, fing ich an und stockte. Wir redeten deutsch miteinander, er kam aus Luxemburg und war vollkommen zweisprachig. »Weiß ich was«, sagte er. »Na, die Farbe.« »Was soll mit ihr sein?« »Also«, fing ich wieder an, »diese altmodische Farbe. Woher die wohl stammt. Auf keinen Fall aus dem 20. Jahrhundert. Sieht mir irgendwie nach *Troisième République* aus. Könnte aber auch *Deuxième Empire* sein.« »Aha«, meinte er, »und weiter?« »Na ja, man könnte denken, Champagner, aber dazu ist der Ton zu kräftig. Wenn du mich fragst, das ist Schlüpfer.« Jetzt war es an ihm, die Farbe zu wechseln.

An mir dagegen, mich über mich selbst zu wundern, oder vielmehr über das Wort, das mir so buchstäblich entschlüpft war. *Schlüpfer*, ein so altertümliches Wort, fast wie *Mieder*. Altmodisch wie die Farbe selbst. So hätten unsere Großmütter gesagt, um etwas zu bezeichnen, das wir Dessous zu nennen gelernt hatten. Warum hatte ich, als ich den letzten Satz sagte, zu dem altmodischen Wort Schlüpfer gegriffen? Lag es daran, dass ich die Farbe zuletzt im Wäscheschrank meiner Großmutter gesehen hatte? Oder lag es an dem Wort? Aber was wäre daran so besonders? Der Umlaut? Seine Nähe zur *Schlüpfrigkeit*? Nachdenklich pinselte ich weiter. Das Rätsel der Farbe schien gelöst, das der Worte blieb.

Rom, schrieb Ovid, wird dir so viele und schöne Mädchen gewähren, dass du sagst, es hat alles, was es auf Erden nur gibt. Etwas Ähnliches hätte ich von Paris sagen können. Mit dem einzigen Haken, dass Paris mir zwar die Mädchen gewährte, die Mädchen aber sich nicht mir. Das Französische lag immer noch als Kluft zwischen uns. Auf Abhilfe bedacht, trieb ich das Paradox auf die Spitze und nahm Stunden bei der französischen Freundin meines Freundes Hugo. Sie war der Inbegriff der jungen Pariserin, sie war die Frau auf dem Plakat in der Métro. Wie gern hätte ich ihr einmal gesagt, was sie heute Abend anziehen sollte. Stattdessen gingen wir gemeinsam auf Fotoexkursionen durch die Stadt, und während ich so tat, als fotografierte ich staubige Läden oder Katzen in der Sonne, beobachtete ich sie aus dem Augenwinkel. Aber nie gelang es mir, ihren Blick einzufangen und an mich zu ziehen. Sie hatte nur Augen für Hugo. »Drei Zimmer sind drei Zimmer«, sagte Hugo, als wir wieder einmal auf der Straße standen und eine Wohnung suchten. »Ja«, sagte ich, »wenn es drei Zimmer sind.«

Die Blonden und
die Schwarzen

Nach London führten viele Wege. Der erste, noch in den Sechzigern, begann am Rhein. Flughafen Düsseldorf, ein Charterflug, die Maschine uralt und ölverschmiert, die Reifen abgefahren bis aufs Textil. Kaum in der Luft, fiel das irrsinnigste Gewitter über uns her, die Nachbarn fingen an zu beten. Landung in Luton, nördlich von London, von da aus mit einem schmuddeligen Bus in den Süden. Streatham, Balham, Clapham, alte Arbeiterviertel, härtestes Cockney. Die Gasteltern ein altes Arbeiterpaar, er lag vor dem winzigen Schwarzweißfernseher und verfolgte das einzige Programm durch einen Feldstecher, auf ihm ein schmutzigweißer Pudel wie Snoopy auf seiner Hütte. Zum Frühstück *baked beans* und Würstchen. Halb London war in der Hand der Hippies, über Trafalgar Square und Carnaby Street lag ein Dunst von Joints und Räucherstäbchen; kaum war die Sprachenschule aus, hingen alle nur noch da herum, ein buntes Heerlager wie bei Sergeant Pepper's Lonely Hearts Club Band. Aber irgendwann hatte ich genug von Scott McKenzie und schloss mich zwei Älteren an, die schon wussten, wie Diskutieren geht, und den Spiegel lasen.

Der zweite Weg begann auf dem Sinai, am Rand des Roten Meeres. Ich verbrachte den Sommer in Israel und hing bei Freunden herum, zwischendurch trampte ich durchs Land. Manchmal nahmen mich Soldaten auf ihren Lastwagen mit und zeigten mir die gegnerischen Stellungen. Der Jom-Kippur-Krieg lag erst ein Jahr zurück; wenn ich in Haifa an den Strand ging, kam ich an einem Friedhof vorbei, auf dem täglich gefallene Soldaten beigesetzt wurden. Sie hatten auf dem Sinai provisorisch begraben im Sand gelegen und wurden umgebettet. Als ich genug vom Strand hatte, fuhr ich noch einmal los, am Toten Meer entlang Richtung Süden. Ich hatte eine schöne Auswahl an Philosophie und Romanen dabei, man konnte nie wissen. Wenn ich nicht schwamm oder tauchte, las ich den »Grünen Heinrich«, anschließend kam der »Nachsommer« dran. Instinktiv hatte ich begriffen, dass man Seeromane nicht am Meer und Schweizer Autoren nicht in den Alpen lesen soll. Das Antizyklische, Deplazierte tat den Romanen gut und legte Schichten frei, die man sonst nicht sah. Es wäre schön gewesen, jetzt noch ein, zwei Fontanes hinterherzuschieben, aber das erübrigte sich durch das Dazwischentreten eines Ereignisses. Das Ereignis hieß Judit oder Judy und kam aus London, genauer gesagt aus Golders Green. So lernte ich London kurz darauf ein zweites Mal kennen, diesmal von Norden her und aus dem Blickwinkel der jüdischen Bourgeoisie.

Der dritte Weg begann in Florenz. Ich wohnte seit kurzem in einem Haus auf dem Land, ein paar Meter weiter begann das Chiantigebiet. Ich saß im Garten, sah den Artischocken beim Wachsen zu und übersetzte Jean Starobinskis Rousseau-Buch. Ein ideales Leben, eine Einladung, weise zu werden. Stattdessen langweilte ich mich. Ich entdeckte, dass es ein deutsches kunsthistorisches Institut in der Stadt gab, Via Giuseppe Giusti 44, gelb gestrichen, auf der Gartenseite von einer Glyzinie umschlungen, im Innern die schönste kunsthistorische Bibliothek. Nichts wie hin. Die Bibliothek mäanderte durch den ganzen Bau, über den Türen standen so etwas wie Titel, vermutlich die Namen von Sammelgebieten. Über einer Tür las ich *Iconografia*. Ich trat ein, und ohne es zu wissen, hatte ich das Innerste von Warburgs Reich betreten. Ich ahnte nicht, dass ich es für viele Jahre nicht wieder verlassen würde. Was ich, drittens, nicht wusste, war, dass nie ein anständiges Buch dabei herauskommen sollte. Aber die gab es bereits zur Genüge, anständige Bücher.

Ich trat an eins der Regale und griff hinein. In meiner Hand lag ein Buch mit einem erstaunlichen Titel: *Apes and Ape Lore in the Middle Ages and the Renaissance*. Verfasst hatte es Horst Woldemar Janson, erschienen war es 1952 in London in einer Reihe des Warburg Institute. Ich schlug es auf und war verblüfft. Ein ganzes Buch, üppig bebildert, über die Verehrung, die man Affen im Mittelalter und in der frühen Neuzeit entgegengebracht hatte. Meine Begeisterung wuchs, als ich feststellte, dass die meisten Bücher in diesem Raum im strengen Sinn nicht bebildert waren. Eher argumentierten sie anhand von langen

Bilderreihen, die betextet waren. Ein weißhaariger älterer Herr, der die Existenz eines hochgeehrten Hausgespensts zu führen schien, bemerkte meine Ratlosigkeit und erklärte mir das Prinzip der Sammlung. Es war Ulrich Middeldorf, der frühere Direktor, einer der Emigranten, die die Kunstgeschichte in den Vereinigten Staaten aufgebaut hatten. In seinem Fall war es die Universität Chicago gewesen, an die ihn noch Bernard Berenson empfohlen hatte. Aby Warburg, so sagte er, habe in Bildern gedacht, und sein enormes letztes Werk, der »Bilderatlas«, hätte aus Hunderten, wenn nicht Tausenden von Bildern bestehen sollen, zu denen Warburg am Ende einen Text, eine Geschichte schreiben wollte. Mit diesem Text sei er aber aus Gründen, die nicht allein in seiner Biografie, sondern auch in seiner Methode lägen, nicht mehr fertig geworden.

So wenig ich verstand, bemerkte ich doch, dass Middeldorf bei aller Verehrung für Warburg, der ein Mitbegründer und später eine Art Pate des Florentiner Instituts gewesen war, eine gewisse Distanz zum Kirchenvater der Ikonologie erkennen ließ. Der Eindruck war, wie ich in den folgenden Wochen erfahren sollte, nicht ganz falsch. Wie Jacob Burckhardt und viele Kunsthistoriker nach ihm hielt Middeldorf das *in situ*-Prinzip hoch: Wo immer es möglich war, sollte man sich die Kunstwerke im Original und am Ort ihrer ursprünglichen Bestimmung vergegenwärtigen. Für seinen Geschmack hatte sich Warburg ein bisschen zu ausschließlich auf Abbildungen, vor allem Fotos, verlassen und den originären Kontext der Werke vernachlässigt, von ihrer dinglichen und ästhetischen Seite ganz zu schweigen. In Middeldorf lebte der Geist des gelehrten Kennertums nach, das ihn zuweilen gegen Warburg und seinen hemmungslosen Gebrauch von Medien aufbegehren ließ.

Nicht weit vom Institut entfernt unterhielt ein Herrenfriseur seinen Salon, den ich gelegentlich aufsuchte, wenn mir die Faltenröcke und Perlenketten der Kunsthistorikerinnen oder die ostentative Gelehrsamkeit im Institut auf den Wecker gingen. Zur Unterhaltung der geschätzten Kundschaft hatte der Besitzer des Ladens einen Stapel englischer und italienischer Ausgaben des Playboy ausgelegt. Irgendwann wurde mir klar, dass auch auf dem Ladenschild des Friseurs die Inschrift *Iconografia* hätte stehen können. Aber ich verstand jetzt besser die Vorzüge des *in situ*-Prinzips. Man musste die Schönheit der Werke im Original studieren.

Noch immer erschien mir, egal womit ich mich beschäftigte, die Theorie als höchstes Gut. Heute zieht man verwunderte Blicke auf sich, wenn man zu schildern versucht, mit welch heiligem Ernst, aber auch welcher Lust man sich damals auf alles stürzte, was nach Theorie aussah und den großen Durchblick versprach. Warburg bot Theorie, die obendrein mit einer Prise Magie und Divination gewürzt war. Hatte ihn überhaupt irgendwer wirklich verstanden? Insgeheim rechnete sich noch jeder die Chance aus, der Erste zu sein. Der Erste am Südpol, der Erste in Warburgs Denken. Ernst Gombrichs *intel-*

lectual biography von Aby Warburg, so viel galt als ausgemacht, wurde dem genialen Mann nicht gerecht. Gombrich hatte Warburg normalisiert, und wo er ihm nicht folgen konnte, hatte er ihn pathologisiert. Wiener Schule, Positivismus mit Psychologie.

Vielleicht noch wichtiger war, dass Warburg Ernst mit den Bildern gemacht hatte. Er lebte in Bildern, dachte in Bildern. Liebte sie, fürchtete sie, erforschte ihre Wanderwege und versetzte sie in Bewegung. Begriff ihre Dynamik, spürte das Gefährliche in ihnen. Für mich ließ ihn das zum Mann der Stunde werden. Denn so sehr ich die Texte liebte, so sehr ich mich darum bemühte, ein Schreiber zu werden, so sehr irritierten mich die Bilder. Zogen mich an, beunruhigten mich. Ließen mich mir selbst unheimlich werden: War ich zum Sehen bestellt? Oder zum Voyeur geboren?

Neben den Wellen des politischen Nachbebens, die von 68 ausgingen und in der Regel gewaltig überschätzt wurden, liefen noch andere Wellen durch die Siebziger. Obwohl sie anthropologische Folgen hatten, werden sie bis heute unterschätzt. Eine davon war das massive Vordringen der Bilder. Auch wenn ihre Träger noch weitgehend analoger Natur waren, begannen sie doch, das Denken und Fühlen der Menschen zu verändern. Es begann damit, dass diese, oft ohne es zu bemerken, anders zu sehen lernten. Auch sich selbst sahen sie mit anderen Augen. 1972 nahmen die Astronauten an Bord von Apollo 17 zum ersten Mal aus 45000 Kilometern Entfernung ein Bild der Erde als ganzer auf. Das berühmte Bild der blauen

Kugel wurde für den Philosophen Hans Blumenberg zum Emblem des Abschieds von der Illusion, »die Menschheit habe immer noch eine andere Option als die Erde«.

Zu den eigenwilligsten Schülern oder richtiger Enkelschülern von Aby Warburg gehörte der aus Ungarn stammende Maler R. B. Kitaj. Er hatte bei Edgar Wind studiert und malte Warburg als tanzende Mänade. Die Ikonologie war seine Muse und inspirierte zahlreiche seiner Bilder, in denen, ähnlich wie in den Erzählungen W. G. Sebalds, der klassische Lektürekanon der Siebziger in Erscheinung trat: Walter Benjamin und die Seinen ... Kitaj malte auch die kleinen Gassen, die von Charing Cross Road abzweigten, in denen jüdische Antiquare hinter ihren Bücherstapeln hockten. Warburgs eigene Büchersammlung hatte nur einen Katzensprung weit entfernt, am Woburn Square, im Herzen von Bloomsbury, ihr Domizil gefunden. Dazwischen lag das British Museum, das damals noch die British Library enthielt. Nicht ohne Scheu betrat ich den Kuppelsaal des Panizzi Reading Room, der von fernher an das römische Pantheon erinnerte. Hier hatte Karl Heinrich Marx aus Trier das nach der Bibel und dem Koran wirkungsvollste Buch der Welt verfasst. Der Bibliothekar, an die häufig gestellte Frage der Benutzer gewöhnt, zeigte mir bereitwillig den Stammplatz des Autors. Das Angebot, auf dem Kunstleder Probe zu sitzen, lehnte ich dankend ab. Ich war im Zentrum der Bücherwelt angekommen. Dies war Mekka, die Kaaba, das Ziel meiner Hadsch.

Aby Warburg hätte vermutlich spöttisch bemerkt, meine Kenntnis der arabischen Welt lasse zu wünschen übrig. Dies hier, die British Library, sei allenfalls Alexandria. Aus diesem Inbegriff des beliebigen Wissens gelte es die geistige Kraft Athens zurückzuerobern. Dies sei der Zweck seiner eigenen Bibliothek. Tatsächlich war seine Büchersammlung, wie man heute sagen würde, interaktiv. Sie antwortete, wenn man sie fragte, und antwortete bevorzugt mit neuen Fragen. Sie war nach Problemen geordnet und bildete geistige Funktionen ab. Warburg hatte eine Bibliothek geschaffen, die der Fülle seiner Intuitionen korrespondierte und mit den Sprüngen seines Geistes Schritt halten konnte. Aber fünfzig Jahre nach dem Tod ihres Gründers war von seiner Gegenwart nicht mehr viel zu spüren. Seine Erben hatten die Bibliothek gründlich hellenisiert. Als ich, nach meinen Wünschen befragt, von Warburg und seinen Zettelkästen anfing, meinte der damalige Direktor, J. B. (»Bernie«) Trapp, das sei doch reine Zeitverschwendung. Warum ich nicht lieber über die Ikonografie von Vergils Grab arbeite? Er würde mich persönlich einführen. Ich bedankte mich und sagte, ich würde mir den Vergil durch den Kopf gehen lassen.

Es war Frühjahr, und wenn die Bibliothek schloss, fuhr ich nach Hampstead Heath und ging in der Dämmerung spazieren. Schon nach wenigen Schritten fühlte ich mich wie in ein englisches Gemälde versetzt. Alles war da, die sanften Hügel, die Baumgruppen, die gefleckten Hunde, dann und wann ein Reiter. Ich fragte mich, wann je zuvor ich eine Landschaft derart als umfassendes und gültiges ästhetisches Ganzes erlebt hatte. Und obwohl ich sie als Bild empfand, erschien mir die Landschaft nicht künstlich. Ohne es zu wissen, realisierte ich die paradoxe Figur, auf die die englische Gartenkunst, die Lieblingskunst des 18. Jahrhunderts, hinstrebte. Hampstead Heath, wo schon Karl Marx mit seiner Familie gern gepicknickt hatte, erschien mir als das perfekte englische Arkadien. Nach den überladenen Interieurs und dem emphatischen Wohnen der Berliner, die ich als beklemmend empfunden hatte, genoss ich das Gefühl der Freiheit, das mir das Leben in den englischen Parks vermittelte. Ich begann die sonderbaren Skulpturen der Liegenden zu fotografieren. Die Menschen in englischen Parks schliefen in den sonderbarsten, exzentrischen und vollkommen surrealen Stellungen, so als habe Francis Bacon sie gebettet oder ein Blitz sie gefällt.

An den Wochenenden holte ich weiter aus und folgte dem Lauf der Themse aufwärts, über Twickenham nach Richmond. Der Fluss sah hier im Südwesten anders aus als im Londoner Osten, nicht wie das düstere Tor zum Herzen der Finsternis, sondern wie ein ländlicher Flusslauf mit Pappeln und Weiden, unter deren herabhängenden Zweigen man den Heukarren von John Constable vermutete. Einen botanischen Garten wie Kew Gardens gab es auf der ganzen Welt kein zweites Mal. Seine Gärtner rühmten sich, 30 000 verschiedene Arten von Pflanzen zu ziehen, und durch das Palmenhaus, ein frühes Spinnenwerk aus Gusseisen und Glas, fiel das Licht des

19. Jahrhunderts. Ich trug einen kleinen Text von Virginia Woolf mit mir herum, »Kew Gardens«, ein frühes experimentelles Prosastück mit Holzschnitten von Vanessa Bell. Die Woolfs hatten es selbst gedruckt, 1919 war es erschienen. Manche Zeilen konnte ich auswendig: »Doesn't one always think of the past, in a garden with men and women lying under the trees? Aren't they one's past, all that remains of it, those men and women, those ghosts lying under the trees, … one's happiness, one's reality?«

Mir fiel auf, wie sehr London von der Nähe des Meeres geprägt war. Es lag nicht nur an seiner geografischen Situation. Sicher, London quoll über von Monumenten und Ornamenten, an denen sich ablesen ließ, dass Britannien im frühen 17. Jahrhundert eine politische Konversion größten Umfangs absolviert hatte: Aus einer Landmacht war gleichsam über Nacht eine Seemacht geworden. Aber dafür hatte ich damals noch keinen Blick. Was mich erstaunte, waren die dicken Lackschichten, mit denen die Londoner beständig die Säulen und andere Teile ihrer Häuser überzogen. Mir war klar, dass Insulaner anders denken als normale Menschen, aber die Londoner Hausbesitzer verhielten sich, als seien sie die Eigner eines Schiffs. Wären sie sonst auf die Idee verfallen, ihre Häuser derart seetüchtig zu machen? Anders als Paris, das von fiebriger Intellektualität vibrierte, wirkte London in den Siebzigern nicht wie eine lebendige Hauptstadt des Geistes, sondern wie eine versteinerte Flotte.

Ende der Siebziger war London zu seiner Urfarbe zurückgekehrt. Der bunte Schleier, den die Hippies für kurze Zeit über die Stadt gebreitet hatten, war zerrissen. London war wieder schwarz. Aber dieses Schwarz war von anderer Konsistenz als das Schwarz anderer Städte, es war dichter, schwärzer, außerdem konnte man es riechen. Auf den Straßen, in den Bahnhöfen, in der *tube*, überall roch London schwarz. Schwarz kam als Bestandteil in allen anderen Farben vor, nicht bloß im Rot, sondern auch im Gelb und im Weiß. Eine Zeitlang kaufte ich meine Notizbücher von einem Londoner Hersteller. Es gab sie in Rot, Braun und Blau, und alle rochen sie nach Schwarz. Es gab Augenblicke, in denen man meinte, das Schwarz von London förmlich zu hören: im Sound der Busse und der Taxis. Aber das waren Übertragungen, wie Freud gesagt hätte, der irgendwo in der Tiefe dieser Schwärze begraben lag.

In Warburgs Bibliothek, die seine Nachfolger im Lauf der Jahre erweitert hatten, herrschte immer noch das Gesetz der guten Nachbarschaft: Das eigentlich gesuchte Buch war der Band nebenan. Die Voraussetzung dafür war natürlich eine Freihandbibliothek. Diese gewann an Reiz noch dadurch, dass alle Rezensionen, die zu einem bestimmten Werk erschienen waren, und alle Kontroversen, zu denen es möglicherweise Anlass gegeben hatte, in Pappdeckel gebunden neben dem betreffenden Band standen. So hatte man die halbe Rezeptionsgeschichte gleich mit zur Hand. Häufig sah ich Leser, die sich einen der kleinen, harten Metallstühle herangezogen hatten und ihren Platz zwischen den Regalen erst wieder verließen, wenn die Bibliothekare das Licht löschten. Es gibt asketische Formen der Sucht. Warburgs Bibliothek hatte alles, um sie hervorzurufen, und das meiste, um sie zu stillen.

Wer als Kapitän oder Offizier auf diesem Dampfer gefahren war, brauchte das Deck nicht mehr zu verlassen, sondern hatte Anspruch auf eine Art Ehrenkajüte. Auch dieses Zellensystem führte zu interessanten Nachbarschaften. Da war beispielsweise Nicolai Rubinstein, ein wunderbarer Kenner des mediceischen Florenz, der sich im Palazzo Vecchio besser auskannte als im eigenen Büro, ein zarter, leicht gebeugt gehender alter Herr. In seiner Jugend in Berlin war er ein Anhänger Stefan Georges gewesen, schrieb immer noch die runden Buchstaben nach Art des Meisters und führte mir vor, wie man ehedem im Kreis gelesen hatte. Gleich nebenan saß Ernst Gombrich, der mit Karl Popper befreundet war und sich bekreuzigte, wenn man Namen wie George oder Gundolf bloß erwähnte. Gombrichs wahre Leidenschaft hieß Mozart. Er war mit einer Pianistin verheiratet und mit Alfred Brendel befreundet. Wie viele der großen Emigranten lebte er in Hampstead. Hatte man einmal in ihre Kreise Eingang gefunden, wurde man von einem zum anderen weitergereicht. So lernte ich die Welt von Alteuropa kennen.

Ein sehr spezielles Stück Alteuropa saß in der linken Herzkammer des Warburg Institute. In der Herzkammer stand Aby Warburgs legendärer Zettelkasten, links und rechts je ein Schreibtisch. Links saß Anne Marie Meyer, rechts ich, wenn ich sie besuchte. Seit ihrer Flucht aus

Deutschland 1938 lebte und arbeitete Anne Marie am Institut. Sie war die Assistentin von Gertrud Bing gewesen, später die Vertraute von Arnaldo Momigliano, jetzt war sie die Seele des Archivs. Es gab praktisch nichts, was sie nicht wusste, und was sie wusste, wusste sie genau. Sonst hätte sie es lieber gar nicht gewusst. Ungenauigkeit verabscheute sie wie der Teufel das Weihwasser. Aber sie war immer bereit, denen, die es nicht so genau wussten, nach Kräften zu helfen. Außerdem konnte sie Warburgs Handschrift zu drei Vierteln oder vier Fünfteln entziffern; alle anderen schafften bestenfalls die Hälfte.

Anne Marie kannte, soweit ich das beurteilen konnte, nur ein Laster, dem aber frönte sie weidlich. Sie rauchte. Warburgs Zettelkasten in allen Ehren, aber das musste er vertragen. Wenn sie mich, was sie gern tat, zum Mittagessen in die kleine Cafeteria im Untergeschoss des Instituts eingeladen hatte, wo man einen *pie* und zwei Blätter Salat bekam, drängte sie irgendwann zum Aufbruch. Zum Fahrstuhl und zurück in die Herzkammer, sie nach links, ich nach rechts. Sie rückte ihre große, schwarze Brille zurecht und sah mich scharf an: »Nehmen Sie eine Blonde oder eine Schwarze?« Ihre Zigarettenschachtel, gelb, wenn sie von *Sweet Afton* stammte, blau, wenn *Gitanes* darin gewesen waren, war immer zu einer Hälfte mit starken Virginias und zur anderen mit schwarzen Französinnen geladen. Natürlich kannte sie die historische Semantik der Farben und wusste, wer in den Zwanzigern, als sie noch ein Kind war, die Blonden gewesen waren und wer die Schwarzen. Wenn ich ohne zu zögern nach einer von beiden griff, funkelte aus ihren Brillengläsern Anerkennung. Unentschiedenheit war ihr ebenfalls zuwider.

Aby Warburg, so hatte Gertrud Bing formuliert, als sie gegen Ende ihres Lebens den Versuch unternahm, seine intellektuelle Biografie zu schreiben, »verhielt sich wie ein Mensch in dunkler und gefährlicher Umgebung«. In ähnlicher Weise, schreibt Michael Baxandall in seinen Erinnerungen, habe sich Bing selber durch ihre Zeit bewegt, und er setzt hinzu: »aber wie jemand, der vor langer Zeit beschlossen hat, sich dagegen zu behaupten. Sie schien sehr entschlossen ein nur vorübergehend freundliches Gelände zu durchqueren.« Mir schien, dass Anne Marie, die lange Zeit eng mit Bing zusammengearbeitet hatte und mit ihr das Los der Emigrantin teilte, sich einen ähnlichen Habitus zu eigen gemacht hatte. Auch sie wirkte wie jemand, der entschlossen *tough* war, was man mit tapfer und tüchtig zugleich übersetzen muss. Der Eindruck, es mit einer strengen Person zu tun zu haben, war nur die halbe Wahrheit. Anne Marie war *bestimmt*; sie hatte ein Schicksal und hatte es angenommen.

Im Lauf der Zeit begann ich mich auch für Warburgs Schüler und Nachfolger zu interessieren. Einige kannte ich schon, unmöglich, an Erwin Panofsky oder Edgar Wind vorbeizugehen. H. W. Janson, einem Schüler Panofskys, war ich in Florenz begegnet, Ernst Gombrich in London. Am Institut stieß ich auf neue Namen: Frances Yates und D. P. Walker. Beide erforschten die magische Religion und den Hermetismus der Renaissance in Eng-

land und Italien. Frances Yates, die zeitlebens Privat-
gelehrte blieb, begründete die Gedächtnisforschung, die
in den achtziger und neunziger Jahren in höchstem Kurs
stehen sollte. Seit mehr als einem halben Jahrhundert war
sie in der englischen Renaissance unterwegs, kannte alle
Texte und Bilder und war mit den kabbalistischen Philosophen, Magiern und Polyhistoren der Zeit, allen voran
dem großen John Dee, persönlich bekannt. Dies war die
Welt, in der Shakespeare dachte und schrieb, dies waren
auch seine Gewährsleute gewesen. Durch die Londoner
Pforte war ich wieder in den Garten gelangt, aus dem
mich die Marburger Anglisten vertrieben hatten.

Postfranzösisch

Zu einem meiner Geburtstage in den Achtzigern machte ein Freund mir ein besonderes Geschenk. Es war ein kleines Heft, eine Broschüre mit dem Titel »Postfranzösisch«. Als Verfasser zeichnete ein gewisser Alfred Koch. So wenig mir der Name sagte, so beeindruckend war der Titel. Was schien natürlicher, als dass auf den Wechsel vom Strukturalismus zum Poststrukturalismus der Wechsel von Französisch zu Postfranzösisch folgen sollte? Waren nicht innerhalb kurzer Zeit einige der hellsten Lichter der französischen Intelligenz erloschen, 1980 zuerst Barthes, dann Sartre, im Jahr darauf Lacan und drei Jahre später Foucault? Spürte man nicht ein Gefühl von Abschied, wenn man die Bücher der französischen Denker aufschlug, so wie man im Spätherbst den Schnee in der Luft riecht? Es war Herbst, unverkennbar, der Sommer der deutschen Faszination für alles Französische war zu Ende. Aber noch regte sich keine der üblichen flinken Federn, um das Phänomen zu kommentieren. Einzig Alfred Koch schien die Zeichen der Zeit erkannt zu haben. Seine Schrift »Postfranzösisch« war der Beweis.

Welche Überraschung, als ich den Band aufschlug und das Erscheinungsjahr las: 1939. Im Mai jenes Jahres war die Schrift erschienen. Sie trug dem Umstand Rechnung, dass der Weltpostvertrag von Kairo 1934 Französisch als Amtssprache des Vereinsbüros festgelegt hatte. Kochs Broschüre war ein kurzgefasster Leitfaden für deutsche Postbeamte, um sich im internationalen Postverkehr korrekt zu verständigen. Dass nur wenige Monate später Krieg zwischen Deutschland und Frankreich herrschen würde, hatte niemand vorausgesehen. Kochs »Postfranzösisch« war nicht, wie der erste Blick auf die Jahreszahl vermuten ließ, eine Handreichung für künftige Besatzungstruppen, sondern ein Vademecum für die Kinder von Merkur und François le facteur. *Quand arrivera le courrier de Paris?* war einer der Sätze, die Kochs Fibel zu lernen aufgab, und die Antwort lautete: *Il arrivera à neuf heures.*

Doch der Briefträger ließ auf sich warten. Zwischen Frankreich und Deutschland war die Post ausgetragen. Wohl oder übel musste man sich nach Neuem umsehen. Für einige Jahre sollte ich es in London finden. Warburg und seine Welt waren ein neues intellektuelles Abenteuer, das mir zustieß, so wie mir zehn Jahre früher dasjenige des Strukturalismus zugestoßen war. Es fand mich bereit. Es war, als hätte ich wie ein Segelschiff unter dem Wind gelegen, lauernd auf die aufkommende Brise.

Wer das Erleben historischer Phasen beschreiben will, greift leicht zur maritimen Metaphorik. »Wir möchten gerne«, sagt Jacob Burckhardt über seine Zeitgenossen im langen Schatten der Revolution, »die Welle kennen, auf welcher wir im Ozean treiben, allein wir sind diese Welle selbst.« Meiner Generation erging es nicht anders, auch wir spürten den Wellenschlag unserer Zeit, ohne zu wissen, was sich da unter uns hob und senkte. Von Zeit zu Zeit verließ ich die Bibliotheken und Seminare und vertauschte das metaphorische Meer mit dem wirklichen. Ontologische Sprünge dieser Art konnten unerwartete Kosten verursachen. Ich war am Lido di Ostia eingeschlafen, und als ich erwachte, sah ich Hegels »Phänomenologie« nur noch als hellen Fleck, der in der Dünung verschwand. Vor der Westküste Irlands sah ich später die zweite kantische Kritik im Atlantik versinken. Auch eine Art Schiffbruch mit Zuschauer. Aber das Lesen ging weiter. Ich reiste mit leichtem Gepäck, für das Gewicht sorgten neue Bücher. Ich las, wenn ich wegfuhr, las weiter, wenn ich ankam.

Krieg ich deswegen ein guter Leser? Das ist schwer zu sagen. Ich las wie ein Kind meiner Zeit, Zeitschriften, Fotokopien, Taschenbücher, bedrucktes Papier in jeder Form und Stärke. Es gab noch keine »neuen Medien«. Pausenlos waren wir in den alten unterwegs. Der Stopp an der letzten Printtankstelle vor der Datenautobahn zog sich in die Länge. Fast schien es, als kündigte sich in der Art unseres Lesens, dem schnellen, fahrigen Wechsel der Lektüren, dem diagonalen Lesen, das eher einem *harvesting* nahekam als dem langsamen, philologischen Eindringen in den Text, schon die Ära der Suchmaschinen an. Manchmal kommt es mir so vor, als habe es eine Morgenröte des digitalen Zeitalters gegeben, in der wir uns, ohne es zu wissen, schon warmliefen für die neuen Stile des Lesens. Aber das sind Verzerrungen im Rückspiegel oder perspektivische Verkürzungen der Erinnerung. Tatsächlich lasen wir noch nicht mit den kalten Augen von Google. Wir lasen nervös, flüchtig, querbeet und nicht, wie wir sollten, aber wir lasen mit heißen Ohren. Es waren wilde Jahre des Lesens, Heuernte bei Gewitter, hätte Warburg gesagt. Wir mussten schnell sein, die Zeichen standen auf Sturm.